事例で学ぶ
情報サービス演習

吉井 潤
Yoshii Jun

事例で学ぶ
図書館
4

青弓社

事例で学ぶ情報サービス演習
目次

はじめに……17

第1回

情報サービスの意義

第1章　情報サービスの範囲……20

第2章　正解よりは最適解……20

第3章　演習……24

第2回

情報サービスの設計

第1章　情報サービスの設計を考えるための前提……25
　1　言葉の定義……25
　2　来館者に声をかけられたときの対応……26
　3　基本的な対応能力を上げる方法……27

第2章　レファレンス対応でのありがちな問題……27
　1　来館者が何について知りたいのかわかっていない……28
　2　デリケートな問題を含む質問……29
　3　専門的すぎる質問……29
　4　おすすめの本を聞かれる……30
　5　回答できない質問を受けたとき……31

第3章　公立図書館の情報サービスの設計……31

第4章　レファレンスサービスの体制づくり……32

第5章　演習1……33

第6章　演習2……33

第3回

レファレンスコレクションの整備

第1章 レファレンスブックとは何か……34
- **1** 言葉の定義……34
- **2** レファレンスブックの排架例……38
- **3** レファレンスブックの種類……39

第2章 レファレンスブックの選択と評価……39
- **1** レファレンスブックの選択……39
- **2** レファレンスブックの評価……41
- **3** データベースやインターネット情報源の評価項目……42
- **4** レファレンスブックの更新……42

第3章 演習……43

第4回

レファレンスインタビューの技法と実際

第1章 レファレンス対応の基本……45
- **1** 言葉の定義……45
- **2** 対面レファレンスの基本的な流れ……45
- **3** レファレンスインタビューの心得……46
- **4** 最低限のレファレンスインタビュー対応……47
- **5** 対面レファレンスの基本的な対応……48

第2章 演習1……49

第3章 演習2……53

第5回

情報検索の技法と実際

第1章 検索エンジン……55

1 言葉の定義……55
2 メタ検索エンジン……56

第2章 **電子ジャーナル**……57

第3章 **データベース**……57

第4章 **演習1**……58

第5章 **演習2**……58

第6回

質問に対する検索と回答

第1章 **レファレンスサービスの区分**……60
1 言葉の定義……60
2 質問に対する調査の方法……60
3 質問の受付方法……61
4 質問に対する回答の方法……62
5 質問・回答の原則……62
6 質問・回答の制限と除外……64

第2章 **質問の分析と情報源の選択**……66
1 言葉に関するレファレンスブック……66
2 事物・事象に関するレファレンスブック……66
3 歴史に関するレファレンスブック……67
4 地理に関するレファレンスブック……68
5 人物・団体に関するレファレンスブック……68

第3章 **演習**……68

第7回

発信型情報サービスの実際

第1章 **発信型情報サービスとは何か**……71
1 言葉の定義……71
2 発信型情報サービスの種類……72

第2章 **パスファインダーの作成**……75
    1 パスファインダー作成の意義……75
    2 参考になるパスファインダー……76
    3 パスファインダー作成の手順……76

第3章 **演習**……79

第8回

情報サービスの評価

第1章 **評価の観点と項目**……80
    1 情報サービス全体の評価……80
    2 アンケートによる評価……81
    3 レファレンスサービスの評価……82

第2章 **レファレンス事例の作成・評価**……83
    1 言葉の定義……83
    2 記録を取る……84
    3 記録用紙の作成……84
    4 事例の共有範囲……85
    5 事例データベースの作成……88

第3章 **レファレンス事例の公開例**……88
    1 事例を公開している図書館……88
    2 事例検索が可能な図書館……89

第4章 **演習1**……89

第5章 **演習2**……89

第9回

図書を探す

第1章 **所蔵調査の基本**……92
    1 キーワード検索とNDCおよびBSHを使った検索の違い……92
    2 図書の所蔵調査の基本的な流れ……94

第2章 **回答に使用する情報資源**……96
　　　1 インターネット情報源……96
　　　2 紙媒体……98

第3章 **演習1**……99

第4章 **演習2**……99

第10回
外国語図書と翻訳図書を探す

第1章 **所蔵調査の基本**……101
　　　1 言葉の定義……101
　　　2 外国語図書の所蔵調査……102
　　　3 翻訳図書の所蔵調査……102

第2章 **外国語図書と翻訳図書の調査に使用できる情報資源**……103
　　　1 インターネット情報源……103
　　　2 紙媒体の情報源……104

第3章 **事例**……104

第4章 **演習1**……107

第5章 **演習2**……108

第6章 **演習3**……108

第11回
雑誌と雑誌記事を探す

第1章 **調査の基本**……110
　　　1 公立図書館と大学図書館の違い……110
　　　2 TRC の雑誌 MARC……110
　　　3 所蔵調査の基本的な流れ……111

4 雑誌記事調査の基本的な流れ······113

第2章 **調査に使用できる情報資源**······115
　　　　1 インターネット情報源······115
　　　　2 商用（有料）データベース······116
　　　　3 紙媒体の情報源······116

第3章 **事例**······117

第4章 **演習1**······118

第5章 **演習2**······119

第12回

新聞と新聞記事を探す

第1章 **調査の基本**······120
　　　　1 新聞の種類······120
　　　　2 新聞の所蔵調査の基本的な流れ······120
　　　　3 新聞記事の調査の基本的な流れ······122

第2章 **調査に使用する情報資源**······123
　　　　1 インターネット情報源······123
　　　　2 商用（有料）データベース······124
　　　　3 紙媒体の情報源······126

第3章 **事例**······128

第4章 **演習1**······128

第5章 **演習2**······129

第13回

視聴覚資料を探す

第1章 **調査の基本**······130

1 視聴覚資料の特徴……130
2 視聴覚資料の所蔵調査の基本的な流れ……131
3 音楽検索のコツ……132

第2章 調査に使用する情報資源……134
1 インターネット情報源……134
2 商用（有料）データベース……135
3 紙媒体の情報源……136

第3章 視聴覚資料の調査の事例……137

第4章 演習1……138

第5章 演習2……138

第14回

言葉について調べる

第1章 言葉の調査の基本……140
1 言葉の定義……140
2 言葉の調査の基本的な流れ……140

第2章 調査に使用する情報資源……142
1 インターネット情報源……142
2 商用（有料）データベース……143
3 紙媒体の情報源……143

第3章 事例……145

第4章 演習……146

第15回

事実について調べる

第1章 調査の基本……149
1 言葉の定義……149
2 調査の基本的な流れ……150

第2章	**調査に使用する情報資源**……151
	1 インターネット情報源……151
	2 商用（有料）データベース……152
	3 紙媒体の情報源……152

第3章 事例……154

第4章 演習1……156

第5章 演習2……156

第16回

統計について調べる

第1章 調査の基本……157
　　1 言葉の定義……157
　　2 統計の調査の基本的な流れ……158

第2章 調査に使用する情報資源……162
　　1 インターネット情報源……162
　　2 紙媒体の情報源……162

第3章 事例……163

第4章 演習……164

第17回

人物・団体について調べる

第1章 調査の基本……166
　　1 言葉の定義……166
　　2 調査の基本的な流れ……166
　　3 個人情報の保護との関係……168

第2章 調査に使用する情報資源……168
　　1 インターネット情報源……168

2 商用（有料）データベース……169
3 紙媒体の情報源……170

第3章 **事例**……171

第4章 **演習**……173

第**18**回

地理・地名について調べる

第1章 **調査の基本**……174
1 言葉の定義……174
2 調査の基本的な流れ……175

第2章 **調査に使用する情報資源**……176
1 インターネット情報源……176
2 紙媒体の情報源……176

第3章 **事例**……178

第4章 **演習**……179

第**19**回

歴史について調べる

第1章 **調査の基本**……180
1 言葉の定義……180
2 歴史の調査の基本的な流れ……180

第2章 **調査に使用する情報資源**……182
1 インターネット情報源……182
2 商用（有料）データベース……183
3 紙媒体の情報源……183

第3章 **事例**……185

第4章 **演習**……187

第20回
国・地方自治体について調べる

第1章 **調査の基本**……189
　　1 言葉の定義……189
　　2 調査の基本的な流れ……189

第2章 **調査に使用する情報資源**……190
　　1 インターネット情報源……190
　　2 紙媒体の情報源……191

第3章 **事例**……192

第4章 **演習**……193

第21回
ビジネスについて調べる

第1章 **調査の基本**……195
　　1 言葉の定義……195
　　2 調査の基本的な流れ……195

第2章 **調査に使用する情報資源**……197
　　1 インターネット情報源……197
　　2 商用（有料）データベース……197
　　3 紙媒体の情報源……198

第3章 **事例**……200

第4章 **演習**……200

第22回

法令・判例について調べる

第1章　調査の基本……202
  1　言葉の定義……202
  2　調査の基本的な流れ……202

第2章　調査に使用する情報資源……204
  1　インターネット情報源……204
  2　商用（有料）データベース……205
  3　紙媒体の情報源……205

第3章　事例……207

第4章　演習1……209

第5章　演習2……209

第23回

医療・薬について調べる

第1章　調査の基本……211
  1　言葉の定義……211
  2　医療・薬の調査の基本的な流れ……212

第2章　医療・薬の調査に使用する情報資源……214
  1　インターネット情報源……215
  2　商用（有料）データベース……216
  3　紙媒体の情報源……216

第3章　事例……218

第4章　演習1……219

第5章　演習2……219

第6章 **演習3**……219

第24回

美術について調べる

第1章 **調査の基本**……222

第2章 **調査に使用する情報資源**……223
    1 インターネット情報源……223
    2 紙媒体の情報源……225

第3章 **事例**……226

第4章 **演習**……228

第25回

文学について調べる

第1章 **調査の基本**……229

第2章 **調査に使用する情報資源**……230
    1 商用（有料）データベース……230
    2 紙媒体の情報源……231

第3章 **事例**……233

第4章 **演習**……234

第26回

地域資料について調べる

第1章 **調査の基本**……236
    1 言葉の定義……236
    2 調査の基本的な流れ……236

第**2**章 **調査に使用する情報資源**······238
  1 インターネット情報源······238
  2 紙媒体の情報源······238

第**3**章 **事例**······240

第**4**章 **演習**······242

本文フォーマット指定・装丁──山田信也［ヤマダデザイン室］

はじめに

　本書は「事例で学ぶ図書館」シリーズの第4巻にあたり、本シリーズで初めて演習科目を扱う。「これからの図書館の在り方検討協力者会議」の『司書資格取得のために大学において履修すべき図書館に関する科目の在り方について（報告）』（2009年）には「司書資格取得のために大学において履修すべき図書館に関する科目一覧」が示されていて、そのうちの「情報サービス演習」にはこの科目の内容について、以下のように記している。「情報サービスの設計から評価に至る各種の業務、利用者の質問に対するレファレンスサービスと情報検索サービス、積極的な発信型情報サービスの演習を通して、実践的な能力を養成する」

　本書は、この「実践的な能力」を養成することを目的にしている。筆者のこれまでの図書館勤務経験や、他館の図書館員との日頃の交流から考えたり得たりした情報や知識をベースにして、実際の業務に役立つような内容になっている。図書館勤務1年目の図書館員や、各図書館でのレファレンス研修のテキストとしても、利用できるだろう。最近は図書館員が集まって研修をおこなうことが、シフトや予算の都合で難しくなっている。本書は、中堅の現役図書館員がレファレンスの自学自習のための参考書として利用することもできる。

　大学での「情報サービス演習」は2単位にあたり、演習での学習内容は7項目ある。半期15回の授業の場合もあれば、前期と後期で15回それぞれが別のテーマを扱うこともあり、また、通年科目として30回の授業が組まれることもある。そこで、本書は本シリーズの第1巻から第3巻とは違い、通年科目にも対応できるように26回分の授業を想定して構成した。第2回「情報サービスの設計」から第8回「情報サービスの評価」までは、「司書資格取得のために大学において履修すべき図書館に関する科目一覧」の項目の順序に沿っている。第9回「図書を探す」以降は、筆者が独自にテーマを設けたものである。半期15回の授業を受け持っている教員は、状況に応じて残りの回から選択して取り上げることができるだろう。第9回から第13回「視

聴覚資料を探す」までは、図書館の一般的なレファレンスである所蔵と所在調査をテーマとして取り上げた。第14回「言葉について調べる」以降はそれぞれ特定のテーマを設けた。

　現在の「情報サービス演習」に該当する科目は、筆者の大学時代の2005年当時は「レファレンスサービス概説及び演習」という名称だった。筆者に当時この科目を講義してくださったのは昭和女子大学名誉教授の大串夏身先生だった。先生には現在もご指導いただいている。基本的には引用の形式をとっているが、本書を読み進めると一部は大串先生の過去の著作などと類似している箇所がある可能性があるが、執筆に際して事前に申し送り、了承を得ている。

　本書に登場するレファレンス事例は筆者の体験に基づくものや情報提供いただいた公立図書館での実例である。しかし、第1巻から第3巻とは違い、どの図書館での事例かは記していない。これは、日本図書館協会が定める「図書館の自由に関する宣言」の第3宣言「図書館は利用者の秘密を守る」にのっとるためである。図書館員は利用者の貸出記録をはじめ、業務を通じて知りえた個人情報は外部に漏らしてはならない。筆者が図書館から事例を収集した際にも、レファレンス記録票に記されている利用者の性別や年齢などの情報は得ていない。それでも利用者の個人情報の特定につながる可能性があるので、この巻の事例では図書館名も一切記載しないことにした。

　最後に、本書を刊行できたのは、多くの図書館からの情報提供のおかげである。ここに感謝を申し上げる。続巻も図書館のご協力のもと、現実の出来事に基づいたシリーズとして出版し、実際の業務の参考になる本を目指したい。

凡例

1 本シリーズの章、節、項のたて方は、授業の回数は第1回、章は第1章、節は1、という形で表記し、項は前後に1行あけ、以下、適宜小見出しを付けた。

2 引用は「　」で該当箇所を囲んで末尾に番号を入れ、それぞれの回ごとの注に出典を示した。引用が長い場合は、前後に1行あけて段落にしている。

3 用語は、以下のようにした。

・公立図書館：公立図書館は、地方公共団体が設置し、地域住民に無料で公開している都道府県立図書館、市区町村立図書館を指す。図書館業界では「公共図書館」と表記する場合があるが、私立図書館を含むため「公立図書館」とする。

・図書館員：図書館で働くすべての職員を指す。一部の公立図書館は司書資格を保有し司書採用された司書を配置しているが、その数は少ないのが現状である。また、来館者にとって誰が司書で誰が司書でないのかの区別はつきにくい。司書資格を有していなくても、事務処理能力が高い職員が配置されたときに図書館の運営が助かることがある。

・排架：図書などを請求記号などに基づいて書架に並べることを指す。「配架」と表記する場合もあるが、『学術用語集——図書館情報学編』（文部省／日本図書館学会編、丸善、1997年）は「配架」ではなく、「排架」と表記していること、「排」には「並べる」の意味があることから「排架」とする。

・開設：図書館を新しく設置することを指す。「開館」では来館者が図書館を利用できる時間帯と混同する可能性があるため、新しく設けたことがすぐわかるような表現にした。

4 アクセス日を明記していないウェブサイトについては、2024年3月3日時点でアクセスできることを確認している。

5 調査に使用する情報資源は、筆者が確認できる範囲で最新のものを掲載している。

第1回

情報サービスの意義

第1章

情報サービスの範囲

　図書館での情報サービスの意義については、「情報サービス論」や「図書館サービス概論」の科目を通じて学ぶことが望ましい。例えば、本シリーズ第1巻『事例で学ぶ図書館サービス概論』（青弓社、2022年）の第5回「情報提供の形態と機能」を参照してほしい。

　どのような図書館でも図書館がおこなう情報サービスの範囲は広い。大別すると、①レファレンスサービス、②レフェラルサービス、③情報リテラシー支援、④情報発信サービス、となる。一般に、レファレンスサービスを中心とし、図書館が所蔵している図書・雑誌・新聞などと、図書館が契約している商用（有料）データベースを含む情報資源の提供機能を総称して、情報サービスと呼ぶことが多い。

第2章

正解よりは最適解

　①のレファレンスサービスは、簡単にいうと来館者の質問に回答するというものだ。図書館の情報資源を駆使して詳しく調べようとするあまり、図書館員は正解を出すことについこだわってしまう。しかし、来館者のそのときの情報要求の程度や図書館で利用できる情報資源の内容によって、求められる答えは実はさまざまである。図書館員は、そのときの状況に応じて最適と考えられる回答を探す姿勢をとることが大切である。具体例として、筆者がいくつかの図書館で試しに同じ質問をした様子を紹介しよう。問い合わせは、国内のスマートフォンの普及率について尋ねるものだった。質問内容は

20

同じだが、さまざまな回答がありうることを知ってほしい。

①Ｈ県Ａ市立図書館貸出・返却カウンター

来館者：スマートフォンがどれだけ普及しているか調べたいんですけど。

図書館員：ちょっとお調べしてみます。ちなみに何か研究とかでお使いですか？

来館者：いや、単純にどれくらい普及しているのか知りたいだけです。

図書館員：もしかしたらそういう統計は本になっているものってあまりなくて、ネットとかで調べたほうがいいかもしれないんですけど。

来館者：わかればべつになんでもいいです。

図書館員：かしこまりました。（間）お待たせしました。本になっているものがなくて、インターネットの情報でよろしければ、総務省のウェブサイトの「デジタル活用の動向」というところに情報機器の保有状況みたいなものがあります。2021年までしか確認できないんですけど。21年で88.6％になっています。失礼しました。これは世帯保有率なので、個人のものとはちょっと違いました。失礼しました。もう少しお調べいたします。

来館者：はい。ありがとうございます。

図書館員：お待たせしました。2021年まででよければ、情報通信に関する白書みたいなものがあって、館内閲覧だけで貸出ができない資料ですが、こちらのほうに一応そういう項目があるようです。いま、本の情報と置いてある場所の表示のレシートを出します。

来館者：わかりました。

図書館員：こちらです。置いてある場所は、お調べ用の本を置いているところがありまして、692.1、ここかな。いまいらっしゃるカウンターがこちらなんですけれども、真ん中の通路、少しだけ進んでいただくと番号11番のところにこちらの資料があります。

来館者：わかりました。ありがとうございました。

②Ｈ県立図書館調査相談カウンター

来館者：すみません。スマートフォンの普及率はいまどれぐらいなのか、本で調べているんですけど、どの本を見ればいいのか、よくわからなくて。

図書館員：ちょっとお調べしてみますね。お時間をいただきますので、だい

たい15分から30分後に来ていただいてもよろしいですか？

来館者：かしこまりました。

15分後

来館者：いかがでしょうか。

図書館員：当館に所蔵があるのが2015年の分までなので、結構古いですね。

来館者：いまの時代、ネットで調べるという感じですかね。

図書館員：ネットで探してみると、総務省のサイトに端末ごとの保有率の統計が挙がっています。最新のものでもあるし、確実かと。

来館者：なるほど。では、総務省のサイトで、サイト内検索をすれば出てきますか？

図書館員：スマートフォンの保有率でキーワード検索をかけると、いちばん上に2022年（令和4年）版のものが出てきて、そこをクリックしたら統計のところにいきます。

来館者：なるほどわかりました。どうもありがとうございました。

③H県S市図書情報館レファレンスカウンター

来館者：日本国内でいまスマートフォンってどれだけ普及しているか、というか保有している人がいるのかを調べたいんですけど。

図書館員：何かすでにご自身で調べたことはありますか？

来館者：いや。調べようと思っていろいろ見ているんですけど、何を見ていいのか。

図書館員：いま、お調べします。見たところ、デジタルデバイスや電子通信機器の契約状況がそれにあたりますかね。ですが、契約は違うかな。

来館者：でも、契約しているならそれはもっているっていうことですよね。

図書館員：もう少しお調べしますね。『情報メディア白書2023[1]』に年齢階層別のインターネット端末の利用状況が載っていますね。これは総務省の「通信利用動向調査」というのが元のデータです。

来館者：では、この総務省の「通信利用動向調査」を見ればいいということですね。

図書館員：おそらくインターネット上に公開されているので、いまお調べします。最新のデータでは90.1％とあります。これは国で取っているデータです。

来館者：90％なんですね。そんなに普及しているとは思わなかったです。

図書館員：市場データとかシェア率とかそういう見方もあるんですけど。ちょっと古いんですけど2014年の時点で販売がこれくらいあるというのはわかりますが、いまはもっと伸びていると思います。

来館者：なるほど。だいぶ助かりました。どうもありがとうございました。

④H県H市中央図書館レファレンスカウンター

来館者：すみません。スマートフォンの保有率というか普及率をちょっと調べているのですが、何を見ればいいのかわからなくて。

図書館員：少々お待ちください。いま、お調べします。載っているかどうかわからないのですが、いま資料を一冊持ってきますので少々お待ちください。

来館者：はい。

図書館員：『情報通信白書 令和3年版[(2)]』です。

来館者：だいたい何％かがわかれば十分です。

図書館員：これは2021年（令和3年）版の世帯保有率で、このグラフがスマートフォンの09年から20年までの普及率を示しています。出典は「通信利用動向調査」です。

来館者：これを見たところ、もう90％近いんですね。出典が総務省の「通信利用動向調査」なので、それに当たれば最新の情報がわかるということですね。

図書館員：はい。ここに設置しているパソコンではインターネットのアクセス制限があってここまでしか開けないのですが、「政府広報オンライン」というサイトには、実際に見てみないとなんとも言えないんですけれど、おそらく最新のデータがあるように思います。そこを見ていけば通信利用のことがわかると思います。

来館者：わかりました。

図書館員：インターネットにつながっていれば、ご自宅のパソコンでも見ることができますので、ご確認いただければと思います。

来館者：わかりました。もうこれで十分です。どうもありがとうございました。

第3章
演習

　来館者に尋ねられたらどう答えるかを念頭に置いて、国内のスマートフォンの保有率を調べなさい。

注

（1）電通メディアイノベーションラボ編『情報メディア白書2023』ダイヤモンド社、2023年
（2）総務省『情報通信白書 令和3年版』日経印刷、2021年

第2回

情報サービスの設計

第1章
情報サービスの設計を考えるための前提

1 言葉の定義

『図書館情報学用語辞典 第5版』では、即答質問を次のように定義している。

> レファレンス質問のうち、特定の事実、データなどを求める質問で、即座に回答することのできる比較的平易な質問。通常、辞書、名簿などの即答用のレファレンスブック1、2点を使うだけで解答が得られるような質問をいう。一般の図書館で扱われる多くのレファレンス質問はこの種のものである。[1]

『図書館情報学用語辞典 第5版』では、探索質問を次のように定義している。

> レファレンス質問のうち、即答できるほど単純ではなく、2種類以上の探索ツールを併用して解答を求めることができる程度の質問。レファレンスブックがデータベース化されるに伴い探索が容易になり、従来、探索質問として扱われていたものが即答質問とみなされることが多くなった。[2]

『図書館情報学用語辞典 第5版』では、調査質問を次のように定義している。

第1章 情報サービスの設計を考えるための前提 　25

レファレンス質問のうち、単純な探索では解答が得られないような比較的複雑な調査を必要とする質問。例えば通常の手段で入手できる範囲の探索ツールでは満足な解答が得られない質問や、二つ以上の異なる探索結果が出た場合に、さらに時間をかけて探索し、情報を総合して解答を得る質問などをいう。[3]

2　来館者に声をかけられたときの対応

　公立図書館で働く図書館員は、自治体正規職員、会計年度任用職員、司書資格保有者などさまざまである。しかし、図書館来館者は「あの職員は司書資格保有者だから図書のことをよく知っているだろう」とか「あの職員は非正規雇用だから」と見極めたうえで声をかけるわけではない。図書館で働いている図書館員は誰でも来館者の質問に答えてくれる、と考えていることが多い。

　来館者に声をかけられたら、丁寧な聞き取りをおこなうことが、要望に沿った情報資源を紹介し、満足してもらえる第一歩になる。図書館員は、来館者からの質問内容が簡単か難しいかを判断しようとするが、その線引きはできないものと思ったほうがいい。むしろまず考えるべきは、回答にどれだけ時間がかかるかである。来館者の質問内容を聞き、直感で回答までに5分以上はかかると思ったら、先輩やその分野に詳しい図書館員に引き継ぐといいだろう。そして、紙やパソコンなどに質問内容を記録することで、あとで要点が確認でき、次に類似した質問があったときに、より確実に対応できるようになる。またこれを積み重ねていくと、ほかの図書館員への引き継ぎのタイミングがわかるようになる。来館者への的確な対応は図書館全体への信頼につながる。

　筆者の図書館勤務経験から、質問への対応としてありがちだが望ましくないパターンが3つ考えられる。①複数の書架を案内すべきなのに、そのうちの一部しか示さない。例えば、歴史の書架だけではなく、社会科学の書架も見なければいけないのに片方しか案内しなかった。②尋ねられた情報資源が書架になかったとき、「ございません」と答えて終わりにする。③情報資源がある場所を教えるだけで、自ら調査に協力しない。例えば、カウンターに

本を抱えて並んでいた来館者が複数いたため、尋ねられた質問に関する情報資源の排架場所を示しただけで、質問をした来館者に一人で書架へ行かせてしまった。

3　基本的な対応能力を上げる方法

レファレンス対応能力を向上させるには、日々の業務での書架整理とカウンター対応に気を配るのが効果的である。書架整理の際、来館者が情報資源を手に取りやすいように整えておこう。具体的には、図書の背表紙をそろえたり、しおりを図書のなかに入れたり、上下巻、多巻ものの並び順をそろえたり、同一分類内の図書を著者順にそろえるなどである。地味な作業だが、これをすることで館内にどのような情報資源があるのかを把握することができる。

カウンター対応は、顔を上げずにただ黙々と貸出の手続きをおこなってはいけない。また、来館者がカウンターにこないからといって情報資源のカタログばかり見て下を向いたままではいけない。来館者はそんな図書館員には声をかけにくいだろう。

新聞に掲載されている図書の情報をチェックすることも、来館者が満足するレファレンス対応につながる。カウンターにいると、来館者から「この本ありませんか?」と新聞の切り抜きを見せられることが多い。新聞の切り抜きだけでは、いつ発売の本か正確な情報がわからないことがあるが、来館者は、図書館員ならわかるだろうと思っている。聞かれたときに検索しなくても「これはまだ図書館にありません」とか「ありますが予約している人が多いので少しお待たせするかもしれません」といったことをすぐに回答できると、来館者の図書館に対する印象はさらによくなる。

第2章
レファレンス対応でのありがちな問題

レファレンスの業務では、来館者の要求の内容やその場の雰囲気などを踏まえた柔軟な対応が必要である。そのためには、それぞれの場面で図書館員自身が考え、丁寧な聞き取りをおこなわなければならない。しかし、それで

もレファレンス対応では悩むことが多い。以下では、よくある問題を5点挙げてその対応について考えてみたい。

1 来館者が何について知りたいのかわかっていない

　図書館員への質問の内容自体が漠然としていることはよくある。例えば「2024年2月27日以降、千葉県沖を震源とする地震が15回発生している。いつ何時起きるかわからないので、防災についての本はありますか?」と聞かれたとする。この場合、「防災」という言葉に含まれるのは地震だけではなく、津波、火災もである。これらについて来館者が知りたいことを明確にするために、図書館員がすべきことは3点あるだろう。

　1点目は、いろいろな切り口から質問し、手がかりを得ることである。まず、「防災に関する本とのことですが、具体的にどんなことをお調べになりたいのですか?」と優しく尋ねよう。何が知りたいのかとまくしたてると問い詰めるような雰囲気になり、そこでやりとりが終わってしまうおそれがある。会話のなかからキーワードを見つけ出し、BSH（Basic Subject Headings：基本件名標目表）の「自然災害、地震災害、災害予防、危機管理、災害復興、消火設備、事業継続管理等」のいずれに当てはまるかを考えてみるといい。そのうえで、最終的にどのような情報資源を求めているのかを探る。

　2点目は、対象の範囲を広げる、または狭めることである。例えば、「2011年の東日本大震災での福島第一原子力発電所事故の本ありますか?」と聞かれたとする。BSHで「福島第一原子力発電所事故」を検索すると1,200タイトルの情報資源がある（2024年1月13日時点）。多すぎるので対象を狭めるために、来館者からさらに知りたいことを聞いていく。反対に知りたいことが限定的すぎると、該当する情報資源が少なく対応に困ることがある。この場合、少し対象を広げる。「強制避難地域になった福島県富岡町の住民たちについての本はありますか?」と聞かれたとする。それについての本には、『原発避難者の声を聞く(4)』『原発事故被災自治体の再生と苦悩(5)』『原子力災害により分化・複層化する地域社会(6)』が該当する（2024年1月13日時点）。しかし、これだけでは少ないので富岡町以外についての本もあわせて紹介するといいだろう。

　3点目は、差し支えない範囲でその情報を何に使うのかを来館者に尋ねる

ことである。日々の生活に役立てたい、まちづくりなどの市民活動の参考にしたい、自分史を書きたい、大学のレポート執筆に利用したい、など情報の使用目的はさまざまである。どの程度の専門性や精密さが必要とされているのかによって、図書館が提供する情報資源は異なってくるので、目的を知ることは重要である。

2 デリケートな問題を含む質問

　知りたいことが来館者個人の問題に関わるデリケートな内容である場合、聞き取りには配慮が必要になる。例えば病気に関することは、来館者の個人的問題に踏み込むことになり、詳しく尋ねにくい。「家族ががんの手術をしたので本を探している」と来館者に言われることがある。乳がん、胃がんなどどういう部位のがんなのか、初期なのか進行しているのかなど、病状によって提供する情報資源が異なる。来館者は情報資源がほしくて図書館に来ているのだから、図書館員は仕事と割り切り、「がんについての本とのことですが、お体のどのあたりでいらっしゃいますか?」というように具体的に聞く。しかし、実際に質問するのが難しい場合は、とりあえず該当の書架に一緒に行き、「お探しのものはこういった本でしょうか」と尋ねて反応を見て絞っていく。知りたいことは病気の症状についてなのか、病院についてなのか、食事などの予防法なのか、医療費のことなのか、少しずつ話を聞いていくしかない。

　DV（ドメスティックバイオレンス）や離婚などに関する質問でも、図書館員は情報資源提供のときに悩む。問題が何なのかはっきりわからない場合も難しいが、逆に詳しい事情を聞いたことで、かえって回答できなくなる場合もある。来館者が解決したいのは現在の状況そのものなのだろうが、図書館員はそこまで関わることはできない。解決の助けになる情報資源を提示しながら、来館者が「なんとかしたい」という気持ちをもつのを支える手助けをするにとどめる。

3 専門的すぎる質問

　答えるには専門知識を要する質問の場合、図書館員にはそもそも質問の意

味をつかみにくいことがある。例えば、「2024年1月1日に能登半島地震があったので、大規模災害からの復興に関する法律の特例規定について知りたい」と聞かれたとする。この質問自体、どういう意味かわからない読者も多いだろう。こうした場合、以下3点に留意して、情報提供を進めてほしい。

　1点目は、来館者が知りたいことについて正確に把握することである。専門的な分野に関しては、理解が及ばないことがあるのは仕方がない。わからないことについては正直にわからないという姿勢を来館者に示す。「勉強不足で申し訳ないのですが」と前置きし、「それはどんなことですか?」と聞く。できるだけ正確に、どの分野のどういう問題なのかを把握する。質問に出てくる用語がわからない場合は、「それはどのような字ですか?　こちらに書いていただけますか?」と頼む。

　2点目は、インターネットやデータベースを積極的に使用することである。まず何か手がかりを得たほうがいいのだが、図書よりもインターネットのほうが情報を見つけやすいことが多い。さらに、来館者のほうが図書館員よりも詳しいことが多いので、来館者に直接データベースなどで調べてもらったほうが早いこともある。

　3点目は質問に対応するより前の段階のことになるが、図書館員は各分野について、ある程度大まかな知識を得ておくように日頃から心がけるべきだろう。基礎的な理解をしたうえで、この分野なら最初にこれを参照するという情報資源の存在を知っておくと、専門的な質問を受けても慌てずにすむ。

4　おすすめの本を聞かれる

　カウンターで漠然と「何かおすすめの本ってありますか?」と聞かれることがある。自治体によっては、来館者のレファレンス対応の禁止事項の一つに「良書の推薦」がある。そのため、これがいい本だと回答することは原則的にできない。しかし、そのことを来館者に言うと苦情が発生することがある。「おすすめといってもやっぱり、みなさんそれぞれお好みが違いますよ」というように、やんわりはぐらかすしかない。「お客様はどんな感じの本をご希望でしょうか」などと聞き返すことで相手の読みたい本を明確にし、来館者自らが選べるように誘導すると、対応が楽になる。こうした質問への対応の方法は、主に3パターンある。

パターン1は、来館者の読みたそうな本が載っているブックガイドを提供することである。パターン2は、「何点かお持ちしてみますので気に入ったものを選んでください」とあくまで来館者に選んでもらうことである。もちろん、これがおすすめの本だとは言わない。パターン3は、「ご希望に添えるかどうかわかりませんが、できるだけ近いものをお持ちしてみますので、見ていただけますか?」と、あくまでも来館者の判断に任せることである。

5　回答できない質問を受けたとき

第6回「質問に対する検索と回答」の第1章「レファレンスサービスの区分」第6節「質問・回答の制限と除外」で学習するが、図書館として対応できない質問があったとき、基本的に答えられないことを説明する。決して不親切で答えないのではなく、回答できない理由を説明すると理解が得られやすい。例えば、法律相談など、士業がおこなう範囲については図書館で対応できないことなどを説明する。

また、例えば自殺をテーマにする『完全自殺マニュアル』[7]の所蔵の有無を尋ねられた場合など、自治体の情報資源の収集方針や選定基準のために所蔵していない情報資源については、「図書館では収集方針にのっとってもっていません」とはっきり言う。「そのような本はありません」とは決して言わないことである。図書館側としては、自治体内の図書館にないと言ったつもりでも、来館者は「この世にそのような本は存在しないと言われた」と思い、あとでトラブルになることがある。

第3章
公立図書館の情報サービスの設計

公立図書館の情報サービスは、主に図書館制度・経営論で学習するサービス計画と同様の工程によって設計される。設計の際、以下の5点に注意することが重要である。

①地方公共団体の概要とまちづくりの方向性の理解

公立図書館は、地方公共団体の一組織である。そのため、所属する地方公

共団体の概要とまちづくりの方向性だけでなく、その歴史や人口・産業などの社会経済条件を理解することが重要である。

②地方公共団体の図書館の現状把握

　図書館の沿革をはじめ、施設・設備、提供しているサービス、図書館情報資源、利用状況、管理運営体制などを理解する必要がある。

③ほかの図書館での事例の把握

　情報サービスのあり方を検討するには他自治体の公立図書館に限らず大学図書館、学校図書館、専門図書館などの事例を把握することが重要である。

④住民の要求の把握

　統計には表れない図書館の利用状況や、図書館に対する住民の期待や不満を把握することが重要である。

⑤問題点と課題の整理

　情報サービスの課題を整理したうえで、実際に可能なことから取り組めるような情報サービスを設計することが重要である。

第4章
レファレンスサービスの体制づくり

　規模やそこで働く図書館員の人数、図書館長の意識によって、図書館の体制や組織は多様である。村立図書館など規模が小さな図書館では担当係が細分化されておらず、全員がレファレンスサービスを含むさまざまな業務をおこなうことが多い。コンビニエンスストアの店員がレジや商品の陳列、発注などあらゆる業務をおこなっているのと同じである。

　図書館の規模がある程度大きく、図書館員の人数もそれなりに多いと、情報サービスは組織化されそれぞれの業務の責任者も置いている。また、情報サービスの方針やマニュアルを作っている。スキルアップのための研修をする図書館もある。しかし、図書館長が情報サービスに興味がなければ、規模が大きくてもそれに見合った適切な体制が構築されないことも多い。

第5章
演習1

　自分が図書館員として働いていると仮定して、本や雑誌などの図書館資料について来館者から質問されるのは、以下のうちでどの場合が多いか考えなさい。

①貸出・返却カウンター
②レファレンスカウンター
③返却された本を排架しているときや書架整理中
④お手洗い

第6章
演習2

　返却された本を排架しているとき、来館者に「認知症の本はどこですか?」と聞かれた場合、どのように案内するか考えなさい。

注

(1) 「即答質問」、日本図書館情報学会用語辞典編集委員会編『図書館情報学用語辞典 第5版』丸善出版、2020年、「JapanKnowledge」(https://japanknowledge.com)［2024年3月3日アクセス］。なお、「JapanKnowledge」を見るにはログインが必要であるため、トップページの URL だけを明記する。
(2) 「探索質問」、同ウェブサイト
(3) 「調査質問」、同ウェブサイト
(4) 山本薫子／高木竜輔／佐藤彰彦／山下祐介『原発避難者の声を聞く──復興政策の何が問題か』(岩波ブックレット)、岩波書店、2015年
(5) 高木竜輔／佐藤彰彦／金井利之編著『原発事故被災自治体の再生と苦悩──富岡町10年の記録』第一法規、2021年
(6) 松本行真『原子力災害により分化・複層化する地域社会──復旧・復興に向けた富岡町の道程』御茶の水書房、2023年
(7) 鶴見済『完全自殺マニュアル』太田出版、1993年

第3回

レファレンスコレクションの整備

第1章
レファレンスブックとは何か

1　言葉の定義

『図書館情報学用語辞典 第5版』では、事典を次のように定義している。

> 編集方針にしたがって物や人物、ことがらを表す言葉を収集、抽出し、
> それらを見出しとして音順あるいは主題によって排列し、それぞれにつ
> いて簡潔に解説したレファレンスブック。特定分野を対象とする事典が
> 専門事典で、あらゆる分野を対象とする事典が百科事典である。主とし
> て語句の意義を解説する辞典（ことばてん）と対比して、「ことてん」と
> 呼ばれることがあるが、両者の概念に明確な境界はなく、事典を「辞
> 典」として刊行する例は多い[1]。

『図書館情報学用語辞典 第5版』では、百科事典を次のように定義してい
る。

> 知識の全分野から、編集方針によって選択、収集したことがらを見出し
> とし、簡潔に解説をした事典。音順もしくは主題によって排列される。
> 1冊から一そろい30冊を超えるものまである。ウェブ、CD-ROM、
> DVD で提供されているものもある。古代や中世では、西洋でも類書形
> 式であったが、近代以後、大項目ながらアルファベット順に改められ
> た。他方、辞書の中にも言葉の意味以上に詳細な解説を収録するものも
> 現れ、現代の百科事典に成長した。大項目中心のものと小項目中心のも

のがあり、前者は特に詳細な索引が必要とされる。また、読者対象の国民の期待する情報に差があるので、宗教や文化その他の社会事情により、関心の高い知識に重点が置かれ、決して万国共通ではない。項目には、具体的理解を助けるために、挿絵、地図や参考文献、照会先などを掲載していることがある。新たな情報を加えるために、部分的改訂や補遺、年鑑の刊行がなされる場合がある。⁽²⁾

『図書館情報学用語辞典 第5版』では、小項目主義を次のように定義している。

> 百科事典、専門事典などの編纂方式の一つで、見出し1項目の対象範囲を小さくして項目数を多くし、各項目に短文の解説を付したもの。アクセスポイントが多く当該情報が探しやすい、記述が簡潔で読みやすいといった反面、関連項目を体系的に把握しにくい、記述に重複が多くなるといった欠点がある。体系的な検索を可能にするため、相互参照が重要である。歴史的には大項目主義から小項目主義へ向かう傾向が見られるが、*Encyclopaedia Britannica* のように、編を分けて2つの方式を共存させている百科事典もある。⁽³⁾

『図書館情報学用語辞典 第5版』では、大項目主義を次のように定義している。

> 百科事典、専門事典などの編纂方式の一つで、見出し1項目の対象範囲を大きくして項目数を少なくし、各項目に論文のように体系だった比較的長文の解説を付したもの。解説を通読すれば体系的な知識が得られるが、アクセスポイントが少ないので目的とする情報を見付けにくい。この欠点を補うために詳細な索引を必要とする。歴史的には大項目主義から小項目主義へ向かう傾向が見られる。⁽⁴⁾

『図書館情報学用語辞典 第5版』では、類書を次のように定義している。

> （1）類似の内容の図書。（2）分類された知識の書の意で、百科全書。

洋の東西を問わず、古代の百科全書は個別項目が分類順であり、その内容は既存の学術文献から関連記事を抄録したものである。この形式が中国では歴代踏襲され、最終で最大のものは清朝の『欽定古今図書集成』（1726年完成）で10,000巻からなる。類書形式は日本でも長く行われ、最終の『古事類苑』（1896-1914）は明治前の知識の集大成となっている。西洋では17世紀以降、項目のアルファベット順に編成し、総合的に要約記述する百科事典に発展した。日本でも20世紀に入って西洋的な百科事典に変わった。⁽⁵⁾

『図書館情報学用語辞典 第5版』では、レファレンスブックを次のように定義している。

　　対象とする分野の関係情報を記事として多数の項目にまとめ、それらを音順や体系順で排列することによって、特定の項目を容易に調べられるようにした図書。参考図書ともいう。特定の情報を求めるときに使用し、全体を通読することは想定されていない。レファレンスブックは、他の資料への案内や指示を主目的とする書誌、目録などと、事実解説的な辞書、事典、図鑑、年表などに大別される。特色としては、〈1〉見出しのもとに各項目が簡潔に記述されている、〈2〉排列に特色があり、探索を容易にするために目次や索引に工夫がなされている、〈3〉冊子体であり、容易に持ち運びや利用ができる、などがあげられる。図書館では、レファレンスサービスを成り立たせるツールであり、レファレンスコレクションとして構築されている。現在では、レファレンスブックと同じ内容の著作が電子メディアで提供されるようになってきた。⁽⁶⁾

『図書館情報学用語辞典 第5版』では、レファレンスコレクションを次のように定義している。

　　レファレンスブックを中心に、参照あるいは調査目的での利用に適した各種の資料すなわちレファレンス資料からなる一群の集書。利用者の調べもの利用および図書館員のレファレンスサービスに便利なように、一般図書コレクションとは別置され、通常、そのコレクションに含まれる

資料は貸し出されない。⁽⁷⁾

『図書館情報学用語辞典 第5版』では、禁帯出を次のように定義している。

> 図書館内に利用を限定すること、あるいはそのような限定をした資料。
> 図書館種によって異なるが、一般的には、辞書、事典、便覧、統計、年
> 鑑、図録などの事実解説的資料や、書誌、目録、索引などの案内指示的
> 資料など、図書の全体を通読することを目的としないレファレンスブッ
> クが対象となる。また、頻繁に利用される資料、高価本、郷土資料、特
> 殊資料、貴重書、希書、新聞や雑誌の最新号などを、禁帯出として指定
> することも多い。貸出用図書との区分に「禁帯」ラベルを添付したり、
> 「R」ラベルなどを背ラベルに使用して、持出禁止の表示を明らかにす
> ることもある。⁽⁸⁾

　レファレンスブックは、何かを調べるための図書であり、情報またはデー
タを収録している。項目見出しのもとに関連する記事をまとめる形式をと
り、参照しやすいように一定の順序で編集されている。本シリーズで図書館
用語の定義を引用している『図書館情報学用語辞典 第5版』⁽⁹⁾もレファレンス
ブックである。同書は紙の本として手に取ることができるだけでなく、80
点以上の辞・事典、叢書、雑誌を検索できる国内最大級の辞書・事典データ
ベースである「JapanKnowledge」に収録されていて、同サイトの検索エン
ジンを使って利用することもできる。「JapanKnowledge」のようなデータベ
ースやインターネット情報源は、検索で簡単に早く情報を得ることができる
ので、とても便利である。
　それでも、印刷媒体のレファレンスブックには電子にはないメリットがあ
る。第1に、印刷された本はあとになってもデータの参照先として確認しや
すい。データベースやインターネットが情報源の場合、随時データが更新さ
れるため、1週間後に見たときにはデータがすでに更新されていたり、デー
タそのものが削除されていたりと、確認できないことがままある。紙媒体な
ら図書館が除籍しないかぎり、いつでも実際に手に取って確認することがで
きる。第2に、紙媒体のほうがほかのレファレンスブックと比較する作業を
しやすい。例えば、「レファレンスブック」とは何かについて調べたとす

る。「JapanKnowledge」で検索すると、『図書館情報学用語辞典 第5版』『ランダムハウス英和大辞典 第2版』(10)『現代用語の基礎知識』(11)の3冊に該当項目があると表示され、いずれかをクリックするとそのレファレンスブックに書いてある説明の内容を読むことができるが、3冊を同時に開いて比較することはできない。紙媒体なら、この3冊をそれぞれのページを開いて並べれば、簡単に比較することができる。第3は、紙媒体なら目次や索引を見て該当ページを開けばいいだけで、操作方法を覚える必要がない。データベースやインターネットの情報源を調べるには、それぞれの操作方法を覚えなくてはならず、人によっては慣れるまでに時間がかかることがある。

2　レファレンスブックの排架例

　レファレンスブックの排架では、通常の分類とは別に独自の棚を設けることがある。例えば、歴史に関するレファレンスブックは、歴史本などが排架されている一般的な書架と分けて、図3-1のように参考図書コーナーのなかに排架していることが多い。分けて排架するメリットには、来館者が探している主題が特定されておらず概括的な知識を得たいときに探しやすいということがある。また、図書館側の都合としては、レファレンスブックは大型本や多巻本のことが多いので、まとめるほうが排架しやすい。新しい版が出版されたときも差し替えが容易にできる。貸出制限がある本がまとまった棚にあるのは来館者にもわかりやすい。図3-2のように、レファレンスブックの

図3-1　参考図書コーナー例（筆者撮影）

図3-2　レファレンスブック例（筆者撮影）

背表紙には「館内」などと書かれたシールを貼付し、貸出ができないことがわかるようにしている。

一方で、レファレンスブックを歴史の図書などと分けて排架していない図書館もある（図3-3を参照）。このやり方のメリットは、来館者がどういう分野の情報を求めているかがはっきりしている場合、すぐに関連する図書が並ぶ棚に行けるので情報を探しやすいことである。

図3-3 歴史の図書とレファレンスブックを一緒に排架例（筆者撮影）

3　レファレンスブックの種類

レファレンスブックは、2つの種類に大別することができる。一つは、事実解説的なものである。図書や新聞・雑誌の記事などの一次資料の内容を編集・加工して掲載するので、情報そのものを求める場合に用いる。具体的には、辞書、辞典、百科事典、専門事典、便覧、図鑑、年表、年鑑、地図帳である。もう一つは、案内指示的なものである。一次資料に関する情報を再編成しているので、各種の情報源への手がかりを求める場合に適している。具体的には、書誌、文献リスト、目録、索引、抄録である。

第2章
レファレンスブックの選択と評価

1　レファレンスブックの選択

レファレンスサービスでは、来館者の質問や要求の内容に適した情報資源を選んで提供しなければならない。そのために図書館は情報資源をそろえる必要がある。それにはレファレンス担当者が、情報資源の種類や個々のツールの特徴を理解していなければいけない。各種の情報資源について知るためには、個々のツールの内容を評価する必要がある。自館に設置するレファレンスブックを選択するうえで考えるべきポイントとしては、以下の6点があ

る。

①自館の規模に応じたタイトル数を考える

　図書館の規模によってそろえるタイトル数は違ってくる。例えば村立図書館と市立図書館では、サービス対象の住民人口もそれに応じた全体の蔵書数も違うため、レファレンスブックの数も異なる。国語辞典一つとっても、村立図書館と市立図書館では前者のほうがそろえる辞典のタイトル数は少なくなる。

②来館者の要求と図書館のサービス方針に沿ったレファレンスブックを用意する

　住民が図書館に望むものに応じて図書館のサービス方針も異なるので、自館の特徴に即したレファレンスブックをそろえる。例えばビジネス支援サービスをおこなっている図書館では、一般の書籍の流通ルートでは購入できない、帝国データバンク発行の『帝国データバンク会社年鑑』を所蔵しているケースがある。

③類書や競合するメディアの有無を意識する

　類似するレファレンスブックはないかとほかの選択肢を考えたり、複数のタイトルをそろえることができる場合は類書も所蔵することを検討したりするといいだろう。例えば、帝国データバンク発行の『帝国データバンク会社年鑑』は有力・優良企業の最新情報を知るうえで定評があるレファレンスブックだが、類書として東京商工リサーチ発行の『東商信用録』もあるので、そちらもチェックしよう。

④レファレンスブックとして使える一般書を視野に入れる

　辞書や事典などの典型的なレファレンスブックだけではなく、貸出ができる一般書のなかにもレファレンスブックとして利用できる図書はたくさんあるので、一般書も視野に入れて考えるといいだろう。

⑤隣接自治体の図書館で所蔵しているレファレンスブックを調べる

　自館で所蔵していないが、近くの図書館にあるものは相互利用が可能なの

で、必ずしも購入しなくてもいいかもしれない。例えば『帝国データバンク会社年鑑』や『東商信用録』を隣接自治体の図書館が所蔵していれば、あえて購入せずに、来館者にその図書館に行くよう案内するほうがいい場合もある。来館者の要求と図書館のサービス方針、価格と資料購入費を踏まえて総合的に判断すべきである。

⑥自館の資料購入費を意識する

　レファレンスブックは小説などの一般書よりも高額になる傾向がある。例えば『帝国データバンク会社年鑑』は11万円、『東商信用録 関東版』は9万8,000円である。購入にあたっては十分な検討が必要である。

　以上を踏まえたうえで、レファレンスブックを選択する具体的な手段として、次の4つがある。

①レファレンスブックのガイドブック：例えば日外アソシエーツ編『文学・詩歌・小説レファレンスブック[12]』は、1990年から2013年までに日本国内で刊行された日本文学・外国文学に関する参考図書1,643点を収録している。このレファレンスブックは書名や出版社などはもちろん、目次や内容解説も掲載している。また、書名、著編者名、事項名の索引も付いている。

②出版社のウェブサイト：例えば、レファレンスブックを多く出版している日外アソシエーツのサイトは参考になる。

③大型書店での現物確認：丸善書店や紀伊國屋書店などの大型書店に行って現物を手に取ってみることも重要である。

④大規模図書館、専門図書館の書架：実際に図書館の書架に置かれている様子を見ることも参考になる。例えばレファレンスブックの天の部分の埃のたまり具合を見れば、利用頻度を推測することができる。

2　レファレンスブックの評価

　レファレンスブックは、制作と内容の両面から評価することができる。制作面での評価の際に注目すべき点は、3つある。

①編集者または監修者の経歴、著作、所属

②出版社のこれまでの出版歴、専門領域

③新しい版の刊行頻度

　内容からみた評価項目は、表3-1に示す7点である。3の「収録内容の範囲」は、例えば日本全国などを網羅するものもあれば特定の地域などを選択的に扱うものもあるため、「はじめに」や「凡例」などを最初に読んでおくといいだろう。7の「利用状況」を知るには、国立国会図書館の「レファレンス協同データベース」（レファ協）を使うといい。当該のレファレンスブックを検索してヒット数が多ければ、それだけ利用されているとわかる。

3　データベースやインターネット情報源の評価項目

　データベースやインターネット情報源の評価項目は、表3-2に示す9点である。1の「データベース情報」に「作成者（社）」とあるが、個人が作成しているからといって公的機関よりも信用が落ちると安易に考えないほうがいい。「提供年月日」と「更新年月日」は重要で、いつから提供しているのか、また更新頻度は多いのか、必ず確認するべきである。8の「検索結果の出力」のチェックも重要である。なかには印刷ができない場合もある。Excel や CSV ファイルにしてダウンロードできるのか、あるいはデータそのものではなくイメージ画像をダウンロードすることしかできないのかなど、利便性に関わるので、よく確認すべきである。

4　レファレンスブックの更新

　所蔵しているレファレンスブックは、定期的に点検する必要がある。その手順の例を紹介しよう。
　まず、図書館の業務端末でレファレンスブックのリストを出力する。2人1組になり、レファレンスブックを排架している書架に行き、奥付などで出版年を確認する。古いものであれば新版が出ている可能性があるので、調べたうえで、新版もしくは別の新しい類書を購入したほうがいいか検討する。出版年以外にも、汚損と破損がないかを確認し、状態によっては修理する。また、古くなったレファレンスブックは貸出可にするか、除籍するか、禁帯出のままでいいかを検討する。貸出可にする場合は、盗難や紛失になっても

表3-1　内容からみたレファレンスブックの評価項目（筆者作成）

番号	評価項目	内容
1	書誌的事項	書名、著者名（編集者、編集委員）、出版者などの書誌的事項
2	主題	扱っているテーマ
3	収録内容の範囲	時代、地域、網羅的か選択的か、項目数
4	本文	収録内容の要点、表記・解説の仕方、図表の有無
5	構成	全体の構成、本文の構成、索引の構成
6	目次・索引	目次、索引、排列の見やすさ
7	利用状況	国立国会図書館「レファレンス協同データベース」の検索結果数

表3-2　データベースやインターネット情報源の評価項目（筆者作成）

番号	評価項目	内容
1	データベース情報	作成者（社）、URL、提供年月日、更新年月日、推奨ブラウザー
2	料金	使用料無料・有料の区別、料金体系
3	主題	扱っているテーマ
4	収録内容の範囲	時代、地域、網羅的か選択的か、項目数
5	本文	収録内容の要点、表記・解説の仕方、図表の有無
6	検索入力項目	検索語を入力する項目
7	検索方法	検索の容易さ
8	検索結果の出力	HTML、PDF などの出力方法、印刷とダウンロードの可否
9	使用事例	国立国会図書館「レファレンス協同データベース」の検索結果数

いい金額か確認する。

　確認後、以上のような変更について判断に迷う場合は、第三者の視点も必要なのでほかの職員の考えも聞いてみる。除籍したい場合でも「この本がなくなってしまって本当に困らないか」をもう一度考える。レファレンス担当の責任者は現物を確認したうえで、貸出、除籍、現状維持、買い替えなどの対応を判断し、結論をメモして図書と一緒に担当者に戻す。担当者は責任者の結論に従って処理をおこなう。

第3章
演習

　下記の3つのレファレンスブックについて、第2章「レファレンスブック

の選択と評価」の第2節「レファレンスブックの評価」で挙げた項目に従って評価しなさい。下記の図書がない場合は、図書館で所蔵しているレファレンスブックのなかで最も利用されているものについて評価しなさい。

①書名：『図書館年鑑2023』日本図書館協会
　　出版年：2023年
　　ISBN：978-4-8204-2302-7

②書名：『子どもの本 総合学習 郷土・地域とのつながりを考える3000冊』日外アソシエーツ
　　出版年：2019年
　　ISBN：978-4-8169-2798-0

③書名：『文化情報学事典』勉誠出版
　　出版年：2019年
　　ISBN：978-4-585-20071 0

注

(1)　「事典」、前掲『図書館情報学用語辞典 第5版』、「JapanKnowledge」（https://japan knowledge.com）［2024年3月3日アクセス］
(2)　「百科事典」、同ウェブサイト
(3)　「小項目主義」、同ウェブサイト
(4)　「大項目主義」、同ウェブサイト
(5)　「類書」、同ウェブサイト
(6)　「レファレンスブック」、同ウェブサイト
(7)　「レファレンスコレクション」、同ウェブサイト
(8)　「禁帯出」、同ウェブサイト
(9)　『図書館情報学用語辞典 第5版』丸善出版、2020年
(10)　小学館ランダムハウス英和大辞典第2版編集委員会編『ランダムハウス英和大辞典 第2版』小学館、1993年
(11)　『現代用語の基礎知識』自由国民社、1948年―。「JapanKnowledge」は2019―24年版を底本にしている。
(12)　日外アソシエーツ編『文学・詩歌・小説レファレンスブック』日外アソシエーツ、2014年

第4回

レファレンスインタビューの技法と実際

第1章

レファレンス対応の基本

1 言葉の定義

『図書館情報学用語辞典 第5版』では、レファレンスインタビューを次のように定義している。

> 利用者がレファレンス質問として表明した情報要求の内容について確認し、曖昧な点を明確にし、理解できない点の説明を求めるために、図書館員により利用者に対して行われる面接。利用者の情報要求を把握するにあたっては、質問の主題を確定するとともに、要求が生じた状況や背景、情報利用の目的や動機などを重要な手がかりとして確認するが、その際には、質問者の身振りや表情などの非言語コミュニケーションにも注意を払う必要がある。[1]

2 対面レファレンスの基本的な流れ

図4-1は、図書館員がカウンターにいるときや情報資源を排架しているときに来館者から質問を受けた際の一般的な流れを示している。来館者が質問し、図書館員がそれに対して回答する。回答が満足のいくものであるか否かにかかわらず、来館者が「もういいです」や「わかりました」などの意思表示をしたら、そこで調査は終了する。

第1章　レファレンス対応の基本　45

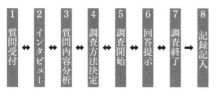

図4-1　対面レファレンスの流れ（筆者作成）

表4-1　対面レファレンスで注意すること（筆者作成）

番号	内容
1	聞きやすい雰囲気を出している
2	相手の顔を見て話す
3	面倒がるようなそぶりを見せない
4	図書館を代表して来館者の対応をしていることを自覚する
5	図書館の専門用語を使わないで相手にわかる言葉遣いをする
6	相づちとつなぎを適度に入れる
7	回答を急いでいるか、急いでいないかを聞く
8	メモを取って言葉を取り違えないようにする
9	復唱する

3　レファレンスインタビューの心得

　表4-1は、対面レファレンスをおこなうときに図書館員が注意するべきことを示している。

　来館者は聞きたいことがある場合、たいてい声をかけやすい図書館員を探すので、1を心がけたい。レファレンス対応をしているときに相手の顔を見ずにパソコンの画面ばかり見てしまう図書館員もいるが、来館者への対応をおろそかにしてはいけない。また、声をかけられたときに面倒くさそうにしてはいけない。ときどき「そろそろカウンター交代なのに」という表情を顔に出してしまっている図書館員を見かける。レファレンスは図書館の業務の一つなので、自分の対応が図書館の対応として評価されることを忘れないでほしい。来館者に説明するときは、図書館用語を使わずに平易な言葉で対応する。例えば「この資料は11番の書架にあり、禁帯出です」というように図書館用語を使うのではなく、「この本は、11番の本棚にあり、借りることはできません」と一般的な言葉に置き換える。そして、来館者の話を聞く際

には適度に相づちを打ち、きちんと話を聞いていることを示そう。来館者は回答を急いでいる場合もあるので、すぐに答えられない質問を受けた際はいつまでに答えが必要かを確認する必要がある。また、自館では回答できないこともあるが、その場合は時間がかかることを伝えなければならない。来館者が急いでいる場合は、できるだけ早い段階で、そのテーマにより詳しいほかの館員に引き継ぐなどの対応が必要である。そのためにも、聞かれたことについてメモを取っておく必要がある。漢字の間違いなどがないようにするため、わからない語については来館者によく確認することである。そのようにしてメモを取ったら復唱して、間違いがないか来館者に聞いてもらう。これは、何を調べるかについて来館者と図書館員の双方が確認するためである。また、復唱することで質問内容の確認をするだけでなく、調べるツールの選択や順序の検討を頭のなかでおこなうことができるので、回答までの時間が短縮できる。復唱することによって、質問の内容を近くにいるほかの図書館員に伝えることもでき、調査をより効率よく進めることにもつながる。

4　最低限のレファレンスインタビュー対応

　来館者の質問に早く正確に回答するためには、簡単な質問であっても聞き取りをきちんとおこなうことが大切である。以下に示すのは、レファレンス専用カウンターがない図書館の貸出・返却カウンターに質問しにきた来館者とのやりとりの例である。

来館者：シシュウの本はどこですか？
図書館員：手芸の本ですか？、詩の本ですか？

来館者：サンゴクシの本はありますか？
図書館員：中国の三国志に関する本ですか？、小説の三国志ですか？　小説だとしたら、羅貫中の翻訳本とそれ以外の小説のどちらをご希望ですか？

来館者：日大アメフト部が話題になっているが、理事長の林真理子さんの本はありますか？
図書館員：特定の本をお探しですか？　小説ですか？、それともエッセーで

すか？、それ以外の分野の本をお探しですか？

来館者：安室奈美恵の CD はありますか？
図書館員：特にお探しの曲はありますか？　単独の CD がなければ、いろいろな人の曲が入っている CD でもいいですか？　私どもの図書館にはないので、市内にあれば取り寄せますがどうしますか？

5　対面レファレンスの基本的な対応

　来館者の質問のなかに、聞いたことがない単語が出てくることがある。例えば、「キンチュウナラビニクゲショハットについて知りたい」と聞かれたとする。わからないときは慌てず落ち着いて「キンチュウナラビニクゲショハットはどのような分野のものですか？」とか、「キンチュウナラビニクゲショハットはどのような字を書きますでしょうか？　恐れ入りますが、ここに書いていただいてもよろしいですか？」、あるいは「キンチュウナラビニクゲショハットをどこでごらんになりましたか？」などの質問をし、「キンチュウナラビニクゲショハット」とは何なのかについて大まかにつかむようにする。

　そのうえで、「キンチュウナラビニクゲショハットについてどのようなことをお調べになっているのですか？」というように、具体的にどのようなことを知りたいのかをこちらから尋ねる。

　何らかの手がかりを得ることができて自力で調べられそうなら、「それではいまから調査いたしますので、どのくらいお時間を頂戴できますか？」と聞く。そして、「ご用意できましたらお声をかけますので、お待ちください」と言って調査を開始する。来館者を待たせる時間の目安としては、カウンターで待ってもらってもいいのはせいぜい5分以内に回答できそうな場合である。5分以内に回答できそうにないときは、来館者にカウンター以外の場所で待ってもらう。調査開始後10分たっても回答を用意できないときは、一度来館者に「あと○○分くらいかかりそうですが、お待ちいただいてもよろしいですか」と声をかける。そして、回答が用意できたら「お待たせいたしました」と言って提供する。その日のうちに解決できない場合は、電話をかけるか、あるいは再度来館してもらうかという回答方法を来館者に確

認し、後日連絡するために名前と連絡先を聞く。

「キンチュウナラビニクゲショハット」が何を指し、来館者が何を知りたいかについて来館者に聞き取りをおこなってもわからない、または自力では調べられそうにないときは、とりあえず聞いた内容をメモし、ほかの館員に引き継ぐ。来館者には「お調べしますので、お時間をいただけますか？　のちほどもう少し詳しくご質問させていただくかもしれませんが、よろしいですか？」などと伝えておく。その一言を伝えることで、引き継いだ館員が調査しやすくなる。なお、「キンチュウナラビニクゲショハット」は「禁中並公家諸法度」と書き、江戸時代の法令である。

第2章
演習1

　以下の4つの事例は、筆者がカウンターで図書館員に実際に質問したときの会話である。図書館員の対応として評価した場合にいいところと、改善が必要なところはどこかを考えなさい。

①Y県Y県立図書館のレファレンスカウンター
来館者：富士山が最後に噴火したのがいつなのか知りたいのですが。
図書館員：どの程度のことがわかればいいですか？　そのときの状況なども知りたいですか？
来館者：いちばん最後に噴火したのが何年かがわかればいいです。
図書館員：わかりました。こちらの棚だと思います（本棚まで歩いて案内する）。
来館者：ありがとうございます。
図書館員：この本で間違いはないんですけど、でも、書いていないですね。こちらの本だと年表はどこかにあるんですけど。でも1707年でいいと思うんです。こちらの本には載っています。
来館者：わかりました。助かりました。
図書館員：ほかに何か必要でしょうか。
来館者：いや。これで十分です。はい。助かりました。

②Ｔ県立Ｔ図書館のレファレンスカウンター

来館者：ちょっとお尋ねしたいんですけど、主に糖尿病の人が飲む薬でフォシーガっていうものがあるんですけど、薬の値段を知りたいのですが。

図書館員：フォシーガですか。お医者さんが処方するものですかね。これはインターネットの情報ですが、もし本で見たいということであれば、こういう本がありまして（パソコンの画面を見せる）、これは医療用医薬品だと思うので、これに載っているかもしれないです。

来館者：はい。

図書館員：こちらの資料はすべて、館内の健康・医療情報コーナーというところに集めています。これが館内地図です。ここがそのコーナーで、薬の資料があります。医者からもらった薬についてわかるので、こういうのを見ると、薬の値段も書いてあったりします。

来館者：わかりました。行ってみます。どうもありがとうございました。

③Ｋ市立Ｎ図書館のレファレンスカウンター

来館者：ちょっとお尋ねいたします。あそこのパソコンの本で見つからなかったのですが、YouTuber の本はありますか？

図書館員：YouTuber になろうみたいなものですか？、それとも内容のことでしょうか。

来館者：できれば、なろうみたいなものです。

図書館員：今日、Ｎ図書館にあるもののなかからお探しですか？

来館者：そうですね。

図書館員：いま、検索します。YouTuber に関する本は、「YouTube」の作り方みたいなものだったらありそうですが、YouTuber だと高校生 YouTuber が書いた本とか、これぐらいしか引っかかってこないですね。だから、「YouTube」で検索してもいいですか？

来館者：はい。

図書館員：『YouTube で食べていく(2)』とか、そういう感じですか？

来館者：ちょっと古いですね。あまり古くても意味ないです。

図書館員：いまＮ図書館では29件くらい「YouTube」関係の資料がありますが、多くは貸出中なんです。このなかで気になる本はありますか？　いま貸出中で在庫がゼロの本は除外していいですか？

来館者：そうですね。

図書館員：いま貸出中じゃなくて、在庫が本棚にあるものを新しい順に並べ替えました。このなかに、何かご希望のものがあるかどうかというところですね。

来館者：この『おうち時間を使ってはじめる YouTube[3]』。

図書館員：これは2020年の本で在庫はあるようです。ほかに何かありますか？

来館者：『プロが教える YouTube ビジネス活用術[4]』。

図書館員：これは2016年のものです。もうちょっと見ますか？

来館者：このいちばん上にある本は、書店の有隣堂のことでしょうか。

図書館員：「老舗書店「有隣堂」が作る」というタイトルなので、書店の有隣堂さんですね。

来館者：では、こちらの『老舗書店「有隣堂」が作る企業 YouTube の世界[5]』も見ます。

図書館員：ごめんなさい。これについては貸出用の本はほかの人が予約ずみなので、貸出禁止の本しかありません。館内で見るだけになってしまいます。いま、3冊分のレシートを出します。3冊とも別々の棚にあります。『おうち時間』があるコンピューターの棚は、この壁沿いのところです。『プロが教える』はビジネス支援のところにあります。ビジネス支援コーナーの棚はすぐ目の前にあります。『老舗書店「有隣堂」』は郷土資料の棚にあります。ビジネスの棚の横に郷土資料の棚があって、ビジネスの横の向こう側から0が始まっています。もし場所がわからなかったら、探すのをお手伝いいたします。

来館者：どうもありがとうございます。

④ M区立 M図書館のレファレンスカウンター

来館者：すみません。ここで聞けばいいのかわからないんですけど。この人が書いたこの本を探してるんですけど。

図書館員：こちらの資料ですね。

来館者：そうです（阿久澤克之『医療哲学（best of doctors）[6]』を示す）。

図書館員：M区に所蔵していない資料で、ほかの自治体にあるかどうかも調べてみたんですけれども、もっているところがないようなんです。国立国

会図書館に所蔵がありますので、そちらで閲覧することができる資料になりますね。

来館者：ということは東京都内の公立図書館にはない。

図書館員：そうですね。国立国会図書館に行っていただいて閲覧してもらうことになります。図書館で取り寄せることもできますが、その場合、ちょっと料金がかかってしまいますので、国会図書館に直接行かれるケースが多いですね。

来館者：国会図書館から取り寄せる場合はお金がかかるっていうことですか？

図書館員：そうです。複写できる資料ですと複写サービスになりますね。

来館者：現物を借りることはできないということでしょうか。

図書館員：そうです。国会図書館に行っていただければ、現物を見たうえで必要なところを複写できます。

来館者：わかりました。ありがとうございました。

⑤ M区立 T 図書館の貸出・返却カウンター

来館者：ちょっとお尋ねしたいんですけど。先ほど返却した本の著者が書いた、同じ徳川家康というタイトルの本で、平凡社から2017年に出ているものがあるんですが（柴裕之『徳川家康』⁽⁷⁾のこと）。

図書館員：はい。

来館者：うまく探せなくて、M区内の図書館にあるかが知りたいです。

図書館員：はい。いま、調べます。本の書誌データはあるんですけど、M区ではもっていないですね。

来館者：それは、いままでM区内の図書館がもっていたことはないということですか？

図書館員：はい、そうです。M区外だったらあるかもしれないですね。

来館者：例えば、どこかから取り寄せることはできますか？

図書館員：もしほかの自治体でもっていれば、そこに依頼をすることができます。こちらのリクエスト用紙に書いていただければお調べして依頼を出してみますが、どうしますか？

来館者：はい。お願いします。

図書館員：それではお名前とカード番号、あとタイトルと連絡方法を書いて

ください。受け取り館はここでいいでしょうか。

来館者：はい。

図書館員：ちょっとお時間がかかるかもしれません。もし提供できない場合には、電話でご連絡するかもしれません。

来館者：だいたいどれぐらいでわかりますでしょうか。

図書館員：今日か明日には担当者が調べて、依頼を出すことになると思います。提供できない場合には連絡します。問題なく受け付けされた場合、特に連絡はしません。

来館者：はい。わかりました。

図書館員：もし、次にこのようなことがありましたら、図書館のウェブサイトからフォームを使って申し込むこともできます。

来館者：承知しました。ではいまからこの用紙に記入して、またカウンターに行きます。

第3章
演習2

　自分が自治体の図書館の図書館員だと仮定して、勤めている図書館を東京都立中央図書館や山梨県立図書館など都道府県立の図書館以外の区市町村立図書館から任意で選び、その図書館の WebOPAC を立ち上げる。カウンターで来館者から質問されたという前提で、図書館員役と来館者役にそれぞれ分かれて、以下の会話に従って実際に検索しなさい。書かれている会話の続きは2人で自由に会話をして検索し、来館者役が回答に満足したら「ありがとうございました。これで十分です」と言い、調査を終了とする。なお、質問は口頭でおこなうので、質問内容はあえてカタカナ表記にしている。

①来館者：いまよろしいでしょうか。『ゴミタメ ノ イヌ』という本を読みたいのですが。

　図書館員：はい。

②来館者：すみません。『ナイロビ ノ ハチ』という本を読みたいのですが。

　図書館員：はい。

③来館者：あの、『アナタ ノ フコウ ワ ミツ ノ アジ』を読みたいのですが。

図書館員：はい。

④来館者：ちょっといいですか。『カマクラ ガシ トリモノヒカエ』の最新刊を読みたいのですが。

　図書館員：はい。

⑤来館者：少しいいですか。『ダブリュー ビー シー ニセンニジュウサン メモリアル フォト ブック』を読みたいのですが。

　図書館員：はい。

注

(1)「レファレンスインタビュー」、前掲『図書館情報学用語辞典 第5版』、「JapanKnowledge」（https://japanknowledge.com）［2024年3月3日アクセス］
(2) 愛場大介『YouTube で食べていく──「動画投稿」という生き方』（光文社新書）、光文社、2014年
(3) 主婦の友社編『おうち時間を使ってはじめる YouTube──人気ユーチューバーの動画制作の裏側を大公開』主婦の友社、2020年
(4) 石割俊一郎『プロが教える YouTube ビジネス活用術』秀和システム、2016年
(5) 有隣堂 YouTube チーム『老舗書店「有隣堂」が作る企業 YouTube の世界──「チャンネル登録」すら知らなかった社員が登録者数20万人に育てるまで』ホーム社、2023年
(6) 阿久澤克之『医療哲学（best of doctors）』パレードブックス、2021年
(7) 柴裕之『徳川家康──境界の領主から天下人へ』（中世から近世へ）、平凡社、2017年

第5回

情報検索の技法と実際

第1章
検索エンジン

1　言葉の定義

『図書館情報学用語辞典 第5版』では、検索エンジンを次のように定義している。

> インターネット上の膨大なウェブページから、利用者が必要とするページを検索するシステムあるいはサービス。ウェブページの収集・登録は、ページの作成者が登録する方式とロボットにより自動的に収集する方式に分かれ、検索は、あらかじめ用意されたカテゴリをたどる方式と検索式を入力する方式に分かれる。従来は情報検索分野で研究されてきたテキストの類似度により検索するシステムが多かったが、近年ではウェブページの特性を考慮に入れ、被リンク数に基づいて重要度を計算するページランクなどの手法も使われるようになってきている。[1]

『図書館情報学用語辞典 第5版』では、クローラを次のように定義している。

> インターネット上の検索エンジンに登録するウェブページを収集し、索引作成を行うためのプログラム。原則的には人間がウェブページを見るために使うウェブブラウザと同じようにウェブクライアントである。与えられたウェブページ中のハイパーリンクを抽出し、リンク先のウェブページを再帰的にたどることで、理論上はリンクが張られたページすべ

第1章　検索エンジン　　55

てを収集することができる。ただし、インターネット上のウェブページすべてを収集することは、ページの数が膨大であるため、物理的な制約から現実的には難しい。[2]

『図書館情報学用語辞典 第5版』では、ポータルサイトを次のように定義している。

> インターネット上のさまざまな情報やサービスにアクセスするための入り口として機能するウェブサイト、サービス。1990年代後半の出現当初は必要なコンテンツを探し出すための「ハブ」であったが、その後インターネットサービスプロバイダや検索エンジンサイトが、無料メールや掲示板、チャット、ブログなどのコミュニケーションサービスも合わせて提供するようになった。[3]

2　メタ検索エンジン

「Google」などの検索エンジンは、日常的によく使われるので多くの人になじみがあるだろう。しかし、複数のサーチエンジンを一度に横断的に使うことはあまりないのではないだろうか。メタ検索エンジンとはそれをおこなうものであり、複数のサーチエンジンを一括で検索できる。代表的なものをいくつか挙げておく。

①「Ritlweb」（リトルウェブ）（https://www.ritlweb.com）
　2006年11月1日から提供開始した。14ジャンル、131のサイトを同時に検索できる総合検索サイトである。

②「検索デスク」（https://www.searchdesk.com）
　1996年1月18日から提供開始した最も古いメタ検索サイトである。

③「検索上手」（http://search.ma0.net/）
　主な検索エンジンやウェブサイトを同時に検索できる。

第2章
電子ジャーナル

　電子ジャーナルとはオンライン上で公開されている雑誌のことだが、詳しくは「図書館情報資源概論」（本シリーズ第3巻『事例で学ぶ図書館情報資源概論』〔青弓社、2023年〕）で学習してほしい。ここでは、公立図書館ではあまりなじみがないかもしれないが、有名な電子ジャーナルを3点挙げておく。いずれもサイト上で検索すれば、該当する論文を読むことができる。

①「Public Library of Science（PLOS）」（https://plos.org/）
　オープンアクセスジャーナルとして有名。分子生物学、免疫学、がん治療など、科学と医学分野の論文を収録している。

②「Nature Communications」（https://www.nature.com/ncomms/）
　生物学、健康科学、物理学、化学、地球科学、社会科学、数学科学、応用科学、工学科学などの論文を収録している。

③「arXiv」（https://arxiv.org/）
　物理学、数学、情報科学、統計学などの論文を収録している。

第3章
データベース

　表5-1は、東京都内の公立図書館が来館者に提供しているデータベースを数が多い順に1位から10位まで並べたものである（2024年1月1日時点）。45自治体の図書館で提供されている1位の「官報情報検索サービス」は、1947年5月3日から直近までの「官報」を検索することができる。10位の「ナクソス・ミュージック・ライブラリー（NML）」は、11自治体が来館者に提供している、クラシック音楽に特化したデータベースである。

　なお、図書館が提供するデータベースは、商用データベースや有料データベースなどさまざまであり、そこでの表示方法や案内の仕方も多様である。本書では、無料で利用できるものを「インターネット情報源」と表記した。

第3章　データベース　　57

表5-1 東京都内の公立図書館で来館者に提供しているデータベース上位10位（筆者作成）

順位	名称	提供元	概要
1	官報情報検索サービス	国立印刷局	1947年5月3日から直近までの「官報」を検索できる
2	図書館向けデジタル化資料送信サービス	国立国会図書館	国立国会図書館がデジタル化した資料のうち、絶版などの理由で入手が困難な資料が利用可能
3	朝日新聞クロスサーチ・フォーライブラリー	朝日新聞社	1879年の創刊号から記事検索ができる
4	日経テレコン	日本経済新聞社	「日本経済新聞」「日経産業新聞」「日経流通新聞」「日経金融新聞」の記事検索ができる
5	ヨミダス	読売新聞社	1874年の創刊号から記事検索ができる
6	第一法規 法情報総合データベース D1-Law.com	第一法規	現行法規（履歴、通知通達を含む）、判例、法律・判例文献の情報検索ができる
7	JapanKnowledge Lib	ネットアドバンス	80点以上の辞・事典、叢書、雑誌の検索が可能
8	毎索（マイサク）	毎日新聞社	1872年の創刊号から記事検索ができる
9	MagazinePlus	日外アソシエーツ	一般誌から専門誌、大学紀要、海外誌紙まで収録した雑誌・論文情報（見出し）の検索ができる
10	ナクソス・ミュージック・ライブラリー（NML）	ナクソス・ジャパン	クラシックに特化した200万曲以上の音源の検索ができる

「商用（有料）データベース」とは、主にインターネットで提供される有料のデータベースだが、図書館が契約しているので、従量制のもの以外は来館者は無料で利用できる。

第4章
演習1

　第2章「電子ジャーナル」で紹介した電子ジャーナルは、それぞれどのようなレファレンスに対応できるかを考えなさい。

第5章
演習2

　第3章の表5-1で示したデータベースは、それぞれどのようなレファレンスに対応できるかを考えなさい。

注

(1)「検索エンジン」、前掲『図書館情報学用語辞典 第5版』、「JapanKnowledge」（https://
   japanknowledge.com）［2024年3月3日アクセス］
(2)「クローラ」、同ウェブサイト
(3)「ポータルサイト」、同ウェブサイト

第6回

質問に対する検索と回答

第1章
レファレンスサービスの区分

1　言葉の定義

『図書館情報学用語辞典 第5版』では、所蔵調査を次のように定義している。

> 図書館内に特定の資料が所蔵されているかどうかを調べること。当該図書館外における資料の所在を調査する場合には、所在調査という。[1]

『図書館情報学用語辞典 第5版』では、所在調査を次のように定義している。

> 利用者からの依頼により、当該図書館に所蔵されていない特定の資料について他の図書館の所蔵を調査すること。また、相互貸借において所蔵館を調査する場合も指す。さらに、所蔵調査と同義で用いることもある。所在調査にあたっては、国立情報学研究所の目録所在情報データベースを始めとする総合目録がきわめて有効なツールとなる。[2]

2　質問に対する調査の方法

来館者の質問に回答するために図書館員がおこなう調査は、主に以下の①から④に分けることができる。

①所蔵・所在調査

　図書館内に情報資源があるかどうかを調べることを所蔵調査という。例えば「尾池和夫『季語を食べる』を読みたい。ここの図書館にあるか」と聞かれ、自館での所蔵の有無を調べ、自館にない場合はほかの図書館で所蔵しているのかを調べることを所在調査という。

②書誌事項調査

　情報資源名や収載ページ、巻号など、ある情報資源に関する情報を調べることを書誌事項調査という。例えば「中尾ゆうすけ『人事のプロが教える！こっそり差がつく「任され力[(3)]」』は、『できるヤツは持っている「教えられ上手」の仕事力[(5)]』の改題なのか」と質問されたとする。この場合、2冊の本の資料名や著者、発行所、刊行年などを調べることになるが、これを書誌事項調査という。

③事実調査

　ある出来事やそれが起こった年代、人名などについて調べることを事実調査という。例えば「キックバックとはどのような意味ですか？」と質問され、情報資源を用いて言葉の意味や関連する事実を調査することである。

④文献調査

　ある主題を調べるときに参考になる文献を紹介することを文献紹介という。来館者の求めに応じて特定の事柄に関連する文献を探すことが多い。例えば、糖尿病に関するものがないかと尋ねられ、糖尿病に関連する図書や雑誌、新聞記事などの文献を調査して紹介することである。

3　質問の受付方法

　質問はカウンターや書架などで対面で受けるほか、メール、チャット、電話、FAX、文書などで受け付けることもある。対面や電話で受けた場合、その場で会話ができるので丁寧な聞き取りがおこなえる。それに対してメール、FAX、文書は直接対話ができないため、質問の意図が明確にわからない場合があるので注意する。

第1章　レファレンスサービスの区分　　61

4 質問に対する回答の方法

　質問に対する回答のあり方としては、書架案内、現物提示、メールの3つに大きく分かれる。筆者の図書館勤務経験では、書架案内になることが最も多い。例えば「この薬、胃潰瘍の再発防止で飲んでいるがピロリ菌対策にもなるのかを知りたい」という来館者に「タケキャブ錠10mg」と書いてある薬を見せられたことがある。病院で医者に処方された薬であることを聞き取りで確認したあと、NDC（日本十進分類法）「499.1」の医薬品の図書を排架している書架に一緒に行き、『医者からもらった薬がわかる本 2022－2023年版 第33版』⁽⁶⁾があったので来館者に示した。この本は、医者から処方されることが多い約1万3,000品目の内服薬・外用薬・一部の注射薬・漢方薬について、薬を安全に使用するために必要な情報を網羅している。主な薬の写真をカラーで掲載しているため、この本を開いて来館者と一緒に見ると「タケキャブ錠10mg」の写真が53ページに、659ページにはその薬の詳細が書いてあった。そこに、来館者の質問への答えになる情報として、「下記におけるヘリコバクター・ピロリの除去の補助」と記載してあった。

　メールによる回答は、図6-1、図6-2、図6-3に示すように、それぞれの図書館によって形式はさまざまである。メールで回答する際には、対面でのやりとりではないため、わかりやすい言葉を使って日本語として伝わりやすい文章にしなければならない。

5 質問・回答の原則

　レファレンス質問・回答の原則は、地域住民の調査・研究活動を援助することである。回答に使う情報資源は、図書館が所蔵する資料や契約しているデータベースおよびインターネット情報源、そして図書館で作成した二次資料である。図書館員は自分がもっている知識だけに基づいて回答してはいけない。また、回答を伝えると来館者から「どう思うか」と意見を聞かれることがあるが、回答の根拠の資料を示すだけにして、回答の当否については評価してはならない。また、可能であれば回答につながる事実は1つだけではなく、類似の本やデータベースがあればそれも調べて、複数を提示したほう

質問：石和町立図書館のビデオテープの貸出について知りたい。

回答：

吉井潤様

　■■■■■■図書館の■■■と申します。
当館のレファレンスサービスをご利用いただきありがとうございます。

お問い合わせの旧石和町の図書館での事例について調査した結果は次のと
おりです。

石和町立図書館（当時）のビデオテープ貸出について
「図書館雑誌」（第81巻第10号、日本図書館協会、1987年）の小林是綱「石和町立図書館
におけるビデオソフトの貸出し「著作権法」第38条第4項に関連して」によると、1985年
1月の著作権法の一部改正を受けて7月19日の仮オープンからビデオテープの貸出を実施
したとあります。利用状況は同誌第82巻第1号（1988年）の続篇に載っています。
「図書館だより」準備号（石和町立図書館準備室）によれば、1987年7月19日日曜日に仮
オープンとあり、AVコーナーの資料について説明があります。
「山梨日日新聞 縮刷版」（1987年7月号、山梨日日新聞社、536ページ、1987年7月22日
付）に「町立図書館が仮オープン」の記事があり、「充実した蔵書のほか、視聴覚施設も
最新鋭機をそろえ」、正式オープンは「今秋」となっています。同縮刷版12月号372ペー
ジ（12月17日付）「石和の文化拠点に スコレーセンター正式オープン祝う」の記事があり、
「視聴覚ホールなど AVシステムも充実させ」とあります。どちらも視聴覚資料について
は説明がありません。
「山梨日日新聞データベース」で検索すると、1989年1月25日付に「好調のビデオ貸し出
し」として石和町立図書館のビデオ貸出登録者の状況が載っています。
「広報いさわ」は該当する年のものを所蔵していませんでした。

「図書館雑誌」「山梨日日新聞 縮刷版」は国立国会図書館などにも所蔵があります。
そのほかの資料はいずれも郵送複写が可能です（コピー代、送料をご負担いただきます）。
また、もし当館所蔵資料の複製物をご著書に掲載される場合は、「撮影掲載等許可申
請書」をご提出いただく必要があります。

以上です。ご不明な点などあればお問い合わせください。
よろしくお願いいたします。

※以下、署名のため省略。

図6-1　Y図書館のメールによるレファレンス回答

がいい。回答が複数になった場合も、根拠になる資料を示したうえですべて
伝え、「どれが正しいと思うか」と聞かれても、自分の判断で答えず、来館
者自身で考えてもらうようにする。

お寄せいただいた質問について、以下のように回答いたします。

■受付番号：
■質問日：2015年6月21日
■質問内容
以下の狂歌の作者を知りたいです。具体的にどのような本に記されているでしょうか。

「世の中に 寝るほど楽は なかりけり 浮世の馬鹿は 起きて働く」

■回答日：2015年6月27日
■回答内容
狂歌に関する資料1から4を調査しましたが、ご質問の狂歌についての情報を得ることはできませんでした。
ご参考までに、資料1『狂歌鑑賞辞典』354ページに類似する狂歌として「世の中に寝る程楽は無きものを知らぬうつけが起きて働く（狂言『杭か人か』）」の記述がありました。

（　）内は ███████ 図書館の請求記号と資料コードです。

［調査した資料］
資料1：鈴木棠三『狂歌鑑賞辞典』（角川小辞典）、角川書店、1984年
資料2：狂歌大観刊行会編『狂歌大観』全3巻、明治書院、1983－85年
資料3：大岡信監修『狂歌川柳表現辞典 歳時記版』遊子館、2003年
資料4：大田南畝、浜田義一郎編集委員代表『大田南畝全集 別巻』岩波書店、2000年

なお、この質問・回答は、下記のインターネット、携帯電話用レファレンスページでもご確認いただけます。

※以下、署名のため省略。

図6-2　Ｔ図書館のメールによるレファレンス回答

6　質問・回答の制限と除外

　図書館員には、来館者に尋ねられても答えるわけにはいかない質問がある。表6-1に示したのは、質問・回答の制限と除外のパターンである。
　1の「病気の診断・治療」について、図書館員は医療従事者ではないので症状や治療法に関する判断を求められても答えてはいけない。例えば、「心筋梗塞の本ありますか？」と尋ねられ、NDC「493.231」、BSH「狭心症、心筋梗塞」の三田村秀雄監修『名医が答える！　狭心症・心筋梗塞治療大全』などの本を紹介することはある。書架に同行して一緒に本を開いて見ることはできるが、その際「いま、胸が苦しくて汗をかいているので心筋梗塞

64

質問：図書消毒機をいつから置いているのか知りたい。

回答：

吉井様

先日は、メールをいただきありがとうございます。

お問い合わせの件ですが、消毒機を昨年（2014年）9月に導入し、その紹介記事が2014年9月6日付の「○○新聞」の朝刊の地方ページに掲載されました。

■■市立図書館にも、該当新聞を保存しておりますので、閲覧していただけます。

今後とも、■■図書館をご利用いただきますよう、お願いいたします。

図6-3　K図書館のメールによるレファレンス回答

表6-1　質問・回答の制限（筆者作成）

番号	事項
1	病気の診断・治療
2	法律相談
3	人生相談
4	古書、美術品などの鑑定
5	個人の生命、名誉、財産などに損害を与えかねない、または社会に直接影響を及ぼすとみられる質問

だろうか」と尋ねられても、図書館員には診断できないのでそれには回答しない。2「法律相談」もこれと似ている。例えば「遺産相続について知りたい」と聞かれ、それに関する本を案内することはできるが、現実の法律相談をされたら、図書館員は法律専門家ではないのでそれに答えてはならない。3「人生相談」は、個人のプライバシーに関する質問には答えてはいけないというものである。線引きが難しい場合がある。例えば、年金について尋ねられたとする。聞き取りをおこなったところ年金制度について知りたいということがわかったので、NDC「364.3」、BSH「社会保険 日本、租税 日本」の房野和由／柴崎貴子『図解 定年前後の手続きの進め方』を紹介した。すると、「繰り下げと繰り上げ受給ではどちらが得か」と尋ねられたとする。しかし、それに答えると来館者のプライバシーに踏み込むことになるので、図書館員としては回答できない。回答できないということを来館者にもわかってもらわなければならない。4「古書、美術品などの鑑定」につい

第1章　レファレンスサービスの区分　　65

ては、筆者は実際に古書を持ち込まれて鑑定してほしいと言われた経験がある。「図書館には鑑定士はいないのでできませんが、1994年からテレビ東京系列で放送している『開運！なんでも鑑定団』は、メールで鑑定の応募ができます」とそのとき回答した。5の例としては、殺人方法についてや部落差別につながる質問をされることがあるが、こうした反社会的な質問には図書館員は対応しない。

第2章
質問の分析と情報源の選択

　詳細は第9回以降で学習するので、ここでは質問に回答するために使用するレファレンスブックの種類について概観する。受ける質問の分類を、この種類別に把握することができる。

1　言葉に関するレファレンスブック

　言葉に関する情報は、読み方・発音、書き方・つづり字、語義・意味、語源・字源、同（反）義語、用法・用例などたくさんある。レファレンスブックとしては、国語辞典、漢和辞典、難読語辞典、対訳辞典、英語辞典、諺語・名句辞典などがある（表6-2を参照）。例えば『大漢和辞典 修訂第2版』[9]は、親文字5万字、熟語53万語からなり、古今の辞書および詩経・論語・孟子・老荘といった中国の古典を含むあらゆる資料に基づいて漢字を収録している。

2　事物・事象に関するレファレンスブック

　事物・事象についての情報は、その名称、種類、内容、形状、数量、方法などである。レファレンスブックとしては、百科事典、専門事典、便覧類、図鑑類などがある（表6-3を参照）。例えば『APG原色牧野植物大図鑑』は、『原色牧野植物大図鑑』[11]掲載の原色図版をAPG分類システムに従って構成した図鑑で、植物の形態の説明（図版）に重点を置いて同定しやすいように細部を示し、花、果実、花序なども図示している。

表6-2　言葉に関するレファレンスブック例（筆者作成）

番号	書名	編著者など	出版者	分類 (NDC)	件名標目 (BSH)	出版年
1	日本国語大辞典 第二版	日本国語大辞典第二版編集委員会／小学館国語辞典編集部編	小学館	R 813.1	日本語―辞典	2000―02年
2	大漢和辞典修訂第2版	諸橋轍次著、鎌田正／米山寅太郎修訂	大修館書店	R 813.2	漢和辞典	1989―90年
3	角川古語大辞典	中村幸彦／岡見正雄／阪倉篤義編	角川書店	R 813.6	日本語―古語―辞典	1982―99年
4	日本方言大辞典	小学館国語辞典編集部編	小学館	R 818.033	日本語―方言―辞典	1989年

表6-3　事物・事象に関するレファレンスブック例（筆者作成）

番号	書名	編著者など	出版者	分類 (NDC)	件名標目 (BSH)	出版年
1	改訂新版 世界大百科事典	平凡社編	平凡社	R 031	―	2007年
2	図書館情報学事典	日本図書館情報学会編	丸善出版	R 010.36	図書館情報学―便覧	2023年
3	APG原色牧野植物大図鑑	牧野富太郎著、邑田仁／米倉浩司編	北隆館	R 470.38	植物―図鑑	2012―13年

表6-4　歴史に関するレファレンスブック例（筆者作成）

番号	書名	編著者など	出版者	分類 (NDC)	件名標目 (BSH)	出版年
1	国史大辞典	国史大辞典編集委員会編	吉川弘文館	R 210.033	日本―歴史―辞典	1979―97年
2	日本史総合年表 第三版	加藤友康／瀬野精一郎／鳥海靖／丸山雍成編		R 210.032	日本―歴史―年表	2019年
3	中国年鑑 2023	中国研究所編	中国研究所	R 059.22	中国―年鑑	2023年

3　歴史に関するレファレンスブック

　歴史に関する情報は、ある事柄の沿革、起源、状況などである。レファレンスブックとしては、歴史事典、便覧、年表、年鑑などがある（表6-4を参照）。

第2章　質問の分析と情報源の選択　　67

4 地理に関するレファレンスブック

　地理に関する情報は、地名、由来、位置、面積、自然などさまざまである。レファレンスブックとしては、地理事典、地図帳、地名事典などがある（表6-5を参照）。例えば『日本全国合成地名の事典』は、合成地名の由来や変遷を地域ごとに紹介している。

5 人物・団体に関するレファレンスブック

　人物・団体に関する情報は、氏名、生没年、経歴、住所などさまざまである。レファレンスブックとしては、人名事典、専門人名事典などがある（表6-6を参照）。例えば『日本人物レファレンス事典 図書館・出版・ジャーナリズム篇[13]』は、既存の人物事典、百科事典、歴史事典などに掲載された古代から現代までの日本の図書館・出版・ジャーナリズム分野の人物の総索引である。

第3章
演習

　図書館員のあなたが出勤すると、メールで以下の①から③の質問がきていたとする。それぞれについて調査し、図6-1と図6-2を参考にしてメールでの回答文を作成しなさい。

①国内のスマートフォンの保有率を知りたい。
②2023年現在の堂場瞬一の著書で、文庫でしか読めない本があるなら読みたい。また、もしこの図書館になければもっている図書館を教えてほしい。
③ダグラス・サザランドの *The English Gentleman's Wife* の翻訳書は存在するのか。もし存在するのであれば、出版社、出版年、価格、ISBN を知りたい。この図書館にあるかどうかも知りたい。ない場合は、もっている図書館を教えてほしい。

表6-5　地理に関するレファレンスブック例（筆者作成）

番号	書名	編著者など	出版者	分類（NDC）	件名標目（BSH）	出版年
1	角川日本地名大辞典	「角川日本地名大辞典」編纂委員会編	角川書店	R 291.033	地名辞典―日本	1978―91年
2	日本全国合成地名の事典	浅井建爾	東京堂出版			2017年
3	グローバルマップル 世界＆日本地図帳	―	昭文社	R 290.38	世界地図、日本―地図	2023年

表6-6　人物に関するレファレンスブック例（筆者作成）

番号	書名	編著者など	出版者	分類（NDC）	件名標目（BSH）	出版年
1	岩波 世界人名大辞典	岩波書店辞典編集部編	岩波書店	R 280.33	人名辞典	2013年
2	日本人物レファレンス事典 図書館・出版・ジャーナリズム篇	日外アソシエーツ編	日外アソシエーツ	R 281.033	人名辞典―日本	2021年
3	同姓異読み人名辞典 西洋人編 新訂			R 280.33	人名辞典	2022年

注

(1) 「所蔵調査」、前掲『図書館情報学用語辞典 第5版』、「JapanKnowledge」（https://japanknowledge.com）［2024年3月3日アクセス］
(2) 「所在調査」、同ウェブサイト
(3) 尾池和夫『季語を食べる――地球の恵みを科学する』淡交社、2024年
(4) 中尾ゆうすけ『人事のプロが教える！ こっそり差がつく「任され力」』（知的生きかた文庫）、三笠書房、2024年
(5) 中尾ゆうすけ『できるヤツは持っている「教えられ上手」の仕事力――なぜか上からかわいがられ、仕事をまかされ、引き上げてもらえる人になる法』こう書房、2014年
(6) 医薬制度研究会『医者からもらった薬がわかる本 2022－2023年版 第33版』法研、2022年
(7) 三田村秀雄監修『名医が答える！ 狭心症・心筋梗塞治療大全』（健康ライブラリー）、講談社、2021年
(8) 房野和由／柴崎貴子『図解 定年前後の手続きの進め方――社労士・税理士が教える絶対にやっておかないとヤバイ！ 最新版』彩図社、2024年
(9) 諸橋轍次著、鎌田正／米山寅太郎修訂『大漢和辞典 修訂第2版』全15巻、大修館書

第3章　演習　69

店、1989―90年
（10）牧野富太郎著、邑田仁／米倉浩司編『APG 原色牧野植物大図鑑』全2巻、北隆館、
　　　2012―13年
（11）牧野富太郎著、本田正次編『原色牧野植物大図鑑』全2巻、北隆館、1982―83年
（12）浅井建爾『日本全国合成地名の事典』東京堂出版、2017年
（13）日外アソシエーツ編『日本人物レファレンス事典 図書館・出版・ジャーナリズム
　　　篇』日外アソシエーツ、2021年

第7回

発信型情報サービスの実際

第1章
発信型情報サービスとは何か

1　言葉の定義

『図書館情報学用語辞典 第5版』では、インフォメーションファイルを次のように定義している。

> レファレンスサービスのために、パンフレット、リーフレット、切抜資料などを容易に探し出せるようにファイルしたもの。目的を定めた上でファイル資料から選択して作成される。[1]

『図書館情報学用語辞典 第5版』では、切り抜き資料を次のように定義している。

> 新聞や雑誌の記事を切り抜いて台紙などに貼り、製本したりファイリングしたりして利用に供する図書館資料。図書として出版されるには時間のかかる時事的な記事や、出版されにくい地域的な郷土記事などの分野で利用されることが多い。[2]

『図書館情報学用語辞典 第5版』では、パスファインダーを次のように定義している。

> 利用者に対して、特定の主題に関する各種情報資源や探索方法を紹介・提供する初歩的なツール。通常、その図書館のコレクションやサービス

第1章　発信型情報サービスとは何か　　71

を対象として作成される。1969年に米国マサチューセッツ工科大学で考案された。当初は一枚物のリーフレットとして提供されたが、現在では図書館ウェブサイトから電子的にも提供される。個々の資料・情報資源が人為的に重み付けされた上で解題を付してリスト化され、調べ方に関する解説もなされているため、単なるリストやリンク集とは異なる。トピックガイドと同義で使われることもあるが、この場合、資料・情報資源の紹介に留まることが多い。[3]

2　発信型情報サービスの種類

　図書館はレファレンスサービスなどの情報サービスの認知度を積極的に高めるために、インフォメーションファイルなどの提供をおこなっている。その概要を以下に示す。

①インフォメーションファイル
　パンフレット、リーフレットなどを来館者が容易に手に取れるようにしたものを、インフォメーションファイルという。例えば図7-1に示すように、立川市図書館では、がんに関する冊子やチラシを設置した。がんについての冊子などをファイルに綴じていることで、来館者が手に取りやすくなっている。

②Q & A
　さまざまな事項についての情報を、図書館側があらかじめ一問一答形式で示すものをQ & A という。なお、これに含まれるのは受ける頻度が高い質問とはかぎらない。例えば図7-2は、岡山県津山市立図書館のウェブサイト上の「よくある質問 Q & A」の画面の一部である。さまざまな質問とその回答をわかりやすく掲載することで、このページを見た人が気軽に図書館を利用できるようにしている。

③リンク集
　調べ物に役立つウェブサイトや検索エンジンなどをテーマや資料の種類別に図書館のウェブサイト上で紹介するのが、リンク集である。リンク集は容

中央 掲載日：2021年3月23日

立川市図書館は、国立がん研究センターより、「がん情報ギフト」の寄贈をいただきました。

「がん情報ギフト」とは、国立がん研究センターのプロジェクトで、「確かな」「わかりやすい」「役に立つ」がんの情報を冊子の形で全国の図書館に寄贈するものです。
この度、立川市図書館にも各種がんの解説や治療について書かれた「がんの冊子」約40種等をいただきました。

中央図書館では、「がんの冊子」全種類を閲覧できるコーナーを作りました。
配布用の冊子やチラシも置いてあります。（配布用の冊子は数に限りがあります）
場所：中央図書館3階レファレンス室入口

また、特に利用の多い冊子は、貸出できる資料として地区図書館でも所蔵しています。
「がんの冊子」貸出可能資料一覧

図7-1 立川市図書館のインフォメーションファイル例
（出典：「がんに関する冊子やチラシを設置しました（がん情報ギフト）」「立川市図書館」2021年3月23日〔https://www.library.tachikawa.tokyo.jp/info;jsessionid=450C4490C5C1276683AE1BC870C5DD39?0&pid=1827〕〔2024年3月3日アクセス〕）

図7-2 津山市立図書館のウェブサイト「よくある質問Q＆A」
（出典：「津山市立図書館」〔https://tsuyamalib.tvt.ne.jp/contact/index.html#qa9〕〔2024年3月3日アクセス〕）

第1章　発信型情報サービスとは何か　　73

易に作成できるので、比較的実行しやすい情報発信といえる。作成のポイントは主に2つある。1つ目は、地域の情報要求の特徴を踏まえたカテゴリー分けである。例えば、鉄道駅がない自治体で「交通情報」として鉄道情報のリンクを張ってもあまり利用されないだろう。2つ目は、メンテナンスである。リンク切れになったウェブサイトを掲載しつづけないように、定期的に確認する必要がある。

　図7-3は、東京都日野市立図書館のウェブサイトに掲載しているリンク集である。「蔵書検索」だけではなく「気象・防災」や「子ども向け調べ学習」など、多くのカテゴリーを設けて紹介している。

④パスファインダー

　パスファインダーとは、英語で表記するとpath finderとなる。「道（path）」を「見つけるもの（finder）」、つまりある事柄の道筋を示すという意味で、ここでは知りたいことを調べるにはどのように資料を探したらいいかを示す手引を指す。主に、図書館での本の見つけ方や調べ物の仕方の基本を説明するものといえる。図7-4は、千葉県市川市立図書館のウェブサイト上の「テーマ別に探す（パスファインダー）」の一部である。これは成人利用者

図7-3　日野市立図書館のウェブサイト「リンク集」
(出典：「日野市立図書館」〔https://www.lib.city.hino.lg.jp/misc/link.html〕〔2024年3月3日アクセス〕)

図7-4　市川市立図書館のウェブサイト「テーマ別に探す（パスファインダー）」
（出典：「市川市立図書館」〔https://www.city.ichikawa.lg.jp/library/db/1065.html〕〔2024年3月3日アクセス〕）

向けのものだが、この図書館ではほかにも「地域資料パスファインダー」や「こども向けパスファインダー」を作成し、PDFで公開している。

　国立国会図書館では、全国の都道府県立、政令指定都市立図書館のウェブサイトを「公共図書館パスファインダーリンク集」で紹介している。

第2章 パスファインダーの作成

1　パスファインダー作成の意義

　パスファインダーを作成すれば、図書館で所蔵している図書・新聞・雑誌、契約しているデータベース、インターネット情報源などの多様な情報資源を人々に紹介することができる。また、図書館について小説や料理本を無料で借りることができる場所としか思っていない人々に対して、ここでは調べ物ができるのだということを周知するのに、パスファインダーは大いに役立つ。図書館員にとってもパスファインダーを作成することは、自館の情報

資源の所蔵状況を確認する機会になるし、資料の紹介の方法を考えることで日頃のレファレンス対応を向上させることもできる。

2 参考になるパスファインダー

パスファインダーを公開する公立図書館は、近年増えている。そのなかでも、テーマ設定や分量などについて参考になる図書館を3館紹介しよう。

①町田市立図書館「パスファインダー（テーマ別資料案内）」（https://www.library.city.machida.tokyo.jp/reference/pathfinder.html）
　基本的にA4サイズの裏表1枚に収めていて、情報がコンパクトにまとめられているので概要を把握しやすい。

②千葉市図書館「調べ方の道案内（パスファインダー）」（https://www.library.city.chiba.jp/reference/pathfinder.html）
　目次があるので全体の構成がわかりやすい。また、紹介文が簡潔で、手に取りやすい印象を与える。

③岩手県立図書館「パスファインダー／調べ方案内」（https://www.library.pref.iwate.jp/reference/pathfinder/index.html）
　どのテーマもページ数が多いが、カラーで作成し、表と文章のバランスがいいため見やすい。じっくり調べたいときに便利である。

3 パスファインダー作成の手順

日頃検索エンジンなどで情報を検索している人や、図書館を普段あまり利用しない人にアピールするために、図書館のウェブサイト上で公開することを前提にして作成する。そのことを踏まえて、以下の①から⑫までの手順で進めるといいだろう。

①テーマの決定
　レファレンスでよく聞かれることや、レファレンス事例を参考にしてテー

マを選ぶ。また、地域の祭事などのイベント、時事問題や事件、文学賞などに関すること、地域の問題・課題もテーマにしよう。見出しは「○○の調べ方」などのようにわかりやすいものにする。また、パスファインダーとはそもそも何かということも、簡単に記述する。取り上げるテーマについての解説も添えたい。

②配布対象の設定

対象は、図書館をよく利用する来館者なのか、図書館未利用者なのか、小学生や中学生なのかというように、誰に向けたパスファインダーとして作るのかを絞ることで、対象に応じた適切な情報資源を紹介することができる。

③配布形式の設定

配布対象に合わせてページ数、文字の大きさ、ルビの有無、使用するフォントなどを決める。マイクロソフトの Word や PowerPoint を用いて作成すれば、その後の作業で編集しやすい。

④キーワードの設定

テーマに関連する情報資源を集めるうえで、手がかりになるキーワードをピックアップする。キーワードは、さまざまな角度から目的とする情報にアクセスできるように、普通は思いつきにくい言葉をできるだけ掲載する。キーワードを決めるときは、辞書・辞典（無料ウェブ百科事典「コトバンク」など）、BSH、テレビや新聞などのニュースキーワードを参考にするといいだろう。また、子ども向けの場合は教科書やその副教材などからキーワードを探すのがいいだろう。

⑤テーマへの理解

テーマそのものについての理解を深めてもらうために、百科事典やそのトピックに関連する特定分野の専門事典、統計、白書などのレファレンスブックを紹介しよう。

⑥紹介する資料の範囲

所蔵資料だけに限定するのか、ほかの図書館で所蔵している資料も含める

のか、所蔵していない資料についても出版情報を載せるのか、というように、紹介する対象の範囲を決める必要がある。また、新聞、雑誌、視聴覚資料、データベースなどの資料も含めるのかを決める。

⑦図書の紹介
　テーマに関連する図書の情報を並べる。書誌情報だけでなく、所蔵場所、請求記号なども付記して、来館者が探しやすいようにしておく。館内図も掲載し、その図書がある場所を示すのもいいだろう。また、さまざまな視点をもつ図書を紹介するために、NDC や BSH が偏ることなく幅広い図書を紹介するよう心がけたい。

⑧新聞と新聞記事データベースの紹介
　最新の情報が掲載されている新聞は、欠くことができない情報源である。紹介する際には新聞（原紙、切り抜き）、縮刷版、記事データベースなどの情報を記載する。

⑨雑誌・パンフレットの紹介
　インボイス制度などの法律の新設や改正のほか、比較的新しく専門的な情報が必要なときに掲載する。雑誌記事を紹介する場合、記事のタイトルだけではなく、掲載している雑誌名、巻号、刊行年月、ページも記載する。

⑩インターネット情報源の紹介
　テーマに関するウェブサイトの URL を記載する。掲載後は、そこでの情報の更新頻度も確認し、サイトそのものが存在しなくなったら削除する。

⑪類縁機関・専門機関の紹介
　テーマに関連する専門図書館、博物館、公的機関などを紹介する。

⑫その他
　図書、新聞、雑誌以外にもデータベースや視聴覚資料などがある場合は、紹介する。音声や映像資料は、テーマについての具体的な理解を深めるのに役立つ。

第3章
演習

　第2章「パスファインダーの作成」第2節「参考になるパスファインダー」を参考にして、以下のテーマについてのパスファインダーを作成しなさい。

①社会人を配布対象にした、人工知能をテーマにしたパスファインダー
②小学生を配布対象にした、お米についての学習に利用できるパスファインダー
③自分が現在住んでいる地域、または郷里でおこなわれている伝統行事や祭りについての、大学生以上の人を配布対象にしたパスファインダー

注

(1) 「インフォメーションファイル」、前掲『図書館情報学用語辞典 第5版』、「Japan Knowledge」（https://japanknowledge.com）〔2024年3月3日アクセス〕
(2) 「切抜資料」、同ウェブサイト
(3) 「パスファインダー」、同ウェブサイト

第8回
情報サービスの評価

第1章
評価の観点と項目

1　情報サービス全体の評価

　公立図書館で提供している情報サービスは、大別するとレファレンスサービス、レフェラルサービス、情報発信サービス、情報リテラシー支援の4つである。それぞれの評価項目の例を考えると、表8-1のようになる。ただし、図書館の規模や情報サービスの位置づけによって評価項目は変わってくる。それでもこうした評価の方法について、図書館業界のことをあまり知らない自治体の財政課の職員や住民にもわかりやすいように示す必要がある。また、他自治体の図書館と比較するためにも、件数や回数など数字で把握できるようにしておこう。

　表8-1で示した項目について、それぞれの考え方を解説したい。まずレファレンスサービスについて、1年間でどれだけの数のレファレンスを受け付けたのかは、最低限把握する必要がある。レフェラルサービスについて、来館者にどこの専門情報機関などを何件紹介できたのか、やはり年単位で把握すべきだろう。情報発信サービスについて、レファレンス事例を紹介しているウェブサイトへのアクセス件数は何件だったのか、どのくらいのテーマ件数のパスファインダーが作成できたのかが評価基準になる。情報リテラシー支援とは、図書館で提供しているデータベースの利用を促進する講習会を何回開催して、何人参加したのかを指す。

　さらに、ほかの項目として、情報サービス担当者数とその経験年数、レファレンスブックの排架場所、来館者用パソコン設置台数と設置場所などが挙げられる。

表8-1　情報サービス全体の評価項目例（筆者作成）

区分	評価項目例
レファレンスサービス	受付件数、満足度、レファレンスコレクションの所蔵数など
レフェラルサービス	専門情報機関の紹介件数、専門情報機関への資料の照会件数など
情報発信サービス	ウェブページアクセス件数、パスファインダー作成件数など
情報リテラシー支援	館内ツアー開催件数と参加人数、データベース講習会開催回数と参加人数など

2　アンケートによる評価

　公立図書館では、来館者を対象にしたアンケートや、図書館の基本計画・基本構想あるいはサービス計画策定の際に無作為抽出した住民に対しておこなうアンケートがある。その内容は、図書館の利用状況や今後の図書館に対する期待を尋ねる設問が多い。図書館サービスに関する設問のなかに、レファレンスサービスについての問いを入れたり、情報サービスに特化した設問を設けたりして評価してもらうといいだろう。

　例として、大阪府豊中市による「豊中市立図書館に関するアンケート調査報告書」を挙げよう。これは、住民基本台帳から無作為抽出した15歳から89歳までの市民を対象に、2019年9月から10月にかけて実施したアンケート調査（配布実数2,986票、回収数829票）の結果をまとめたものである。それによると、レファレンスサービスの存在を知らない人が62.1％、知って満足している人が5.5％だった。[1]

　また、今後の図書館のあり方に関して、豊中市立図書館で「充実したらよい資料（複数回答）」は何かという問いへの回答で、選択肢のなかから「レファレンス資料（辞典、地図、年鑑等の調べるための資料）」を選んだのは、市民アンケートでは10.4％、来館者アンケートでは4.9％だった（配布実数1,995票、回収数1,681票。複数回答可）。また、今後「充実したらよいサービス」への回答に「レファレンスサービス（調べ物相談）」を選んだのは、市民アンケートでは11.1％、来館者アンケートでは8.4％だった（複数回答可）。

　この結果からは、レファレンスサービスを知らない人が60％を超えること、そのためレファレンス資料への関心やレファレンスサービスそのものへの期待が低いことがうかがえる。図書館はこうしたアンケートでの評価結果を踏まえて、今後のサービスのあり方を考えていかなければならない。レフ

表8-2　豊中市立図書館に関するアンケート調査報告書

設問と選択肢	区分	アンケート	
		市民	来館者
設問：充実したらよい資料 選択肢：レファレンス資料（辞典、地図、年鑑等の調べるための資料）	回答数	86	82
	構成比（％）	10.4	4.9
設問：充実したらよいサービス 選択肢：レファレンスサービス（調べ物相談）	回答数	92	141
	構成比（％）	11.1	8.4

（出典：豊中市教育委員会「豊中市立図書館に関するアンケート調査報告書」豊中市教育委員会、2020年〔https://www.lib.toyonaka.osaka.jp/2019enquete_honpen_2.pdf〕［2024年3月3日アクセス］をもとに筆者作成）

表8-3　レファレンスサービスの評価項目例（筆者作成）

区分	評価項目例
質問・回答サービス（直接サービス）	レファレンス件数
	回答内容
	回答結果に対する満足度
	回答までの時間
準備的サービス（間接サービス）	レファレンスコレクションの所蔵数
	レファレンスコレクションの購入経費
	提供しているデータベース数
	提供しているデータベースの導入経費
	提供しているデータベースの利用件数
	レファレンス事例の公開件数

ァレンスサービスを取り巻くこうした状況は、豊中市だけではなく多くの図書館でも似たようなものである。

3　レファレンスサービスの評価

　レファレンスサービスは図書館が提供する情報サービスのなかでも主要な位置を占めるので、その評価は情報サービス全体の評価にもつながる。質問・回答サービス（直接サービス）と準備的サービス（間接サービス）に大別して評価項目の例を整理したのが、表8-3である。これをもとにしてアンケート調査用の設問を作ることもできる。その場合、具体的な評価項目は、例えば、調査の手順は適切だったか、基本的な情報資源を確認しているか、といったものが考えられる。

ただし、図書館は限られた人員で日々業務をおこなっているので、評価の
システムの設計そのものに多くの時間をとられてはいけない。なるべく図書
館業界のことを知らない人でも理解しやすいように簡潔に全体を概観でき、
サービスが向上することを目指して、評価項目を考えたほうがいいだろう。

第2章
レファレンス事例の作成・評価

1　言葉の定義

『図書館情報学用語辞典 第5版』では、質問処理票を次のように定義してい
る。

　　利用者からのレファレンス質問受付の記録を一定の書式に従ってまとめ
　　たもの。処理票の項目は、質問者、質問内容、応答者、情報源、処理経
　　過など、質問回答にかかわる要素から選択する。質問処理票に記録する
　　ことで、後日、即座に回答できない質問を受け付けた場合の処理に役立
　　てたり、レファレンスサービスの評価のための基礎データとして利用す
　　ることができる。[2]

『図書館情報学用語辞典 第5版』では、レファレンス事例データベースを次
のように定義している。

　　レファレンス質問と回答の内容の記録であるレファレンス事例をレコー
　　ドとして蓄積したデータベース。質問回答サービスの事後処理として作
　　成される。質問、回答、回答プロセス、参考資料などの中核的な事項の
　　ほか、検索のため分類やキーワードなど付加的な情報を付したものが多
　　い。主に、図書館内での情報共有、質問者への追加情報の提供、類似質
　　問の調査のツール、質問傾向の把握、追加すべき資料の把握、職員研修
　　の教材、サービスの広報などに活用される。国立国会図書館が主導し、
　　全国の公共、大学、専門図書館などと協同で構築しているレファレンス
　　協同データベースはその代表例である。[3]

第2章　レファレンス事例の作成・評価　　83

2 記録を取る

　図8-1は、筆者が図書館に勤務していたときにカウンターや電話機があるテーブルに置いていたレファレンス記録用紙である。対応した図書館員が速やかに記入できるように、記入欄は最小限にした。というのも、筆者が働いていた東京都内の図書館では、1時間に60人程度の来館者がカウンターにくるので図書館資料の貸出・返却処理に常に追われていたからだ。処理冊数は1時間あたり250冊程度だった。レファレンス専用カウンターがない場合、返却の際に来館者から質問を受け付けることが多い。レファレンスのためのメモを取る時間はあまりないため、最低限必要な項目を記入するようにしたのである。

　書架案内についても、記録することで来館者の情報要求の内容を知ることができる。閉架書庫に取りにいった資料も含め、とにかく聞かれて対応した内容を書くことが重要である。この図8-1の用紙に記載した内容は、すべてレファレンス件数としてカウントすべきである。一方、調べるのに時間がかかった場合は、事務室で別の用紙（図8-2）に詳細を書くようにしていた。

　このようにして記録を取っておけば、ほかの館員が同じような質問を受けたときも、迷わず答えることができる。また、調べるのに時間がかかった場合は、図8-2のように回答プロセスを記録することで、そのときに使ったレファレンスツールが適切だったかをあとから評価でき、その後の対応力が向上する。また、図書館に設置されたOPAC端末の周辺には来館者が検索結果を出力して捨てたレシートがあるので、それを収集しておくと来館者がどういう図書を探していることが多いかを知るための参考になる。

3 記録用紙の作成

　記録用紙のサイズは、カウンターや電話機が置いてあるテーブルに常時設置しても図書館員のじゃまにならずに利用できるように、大きくてもA4が限度である。記載項目は、日付、質問内容、回答、質問の種類くらいでいい。これ以上項目を多くすると記入するのに時間がかかり、かえって使わなくなってしまう。図書館員にとっての使いやすさを優先することが必要であ

番号	日付	聞かれたこと	答えたこと	種類（利用案内,書架案内,館内案内,道案内,その他,レファレンス）
例	8/29	もこもこもこ はどこにありますか	小さいえほんのコーナーに連れて行って紹介した	書架案内
1	3/19	おしりたんてい サバイバルシリーズはあるか	おしりたんていは人気なためほぼ貸し出し中です サバイバルシリーズは他館にあります とお伝え	書架案内
2	3/18	「…のゆうれいじけん」 9日にありますか？	ナツカシリーズ「おばけ」でした。	〃
3	〃	粘土の床素で作るもの	〔40〕母の愛着のあたりで 床素で作るのはなかった。増…3コ ベンゾン やり方の本をする介	
4	〃	大型で「はだかの王さま」が読みたい	Ｈ より2冊 ご案内	〃
5	〃	対訳のほんありますか	えいごの本のコーナーご案内 英の棚	書架案内
6	〃	「合成洗剤」について の本がみたい 成分表	洗剤・せっけんの本 生活図鑑に「すすぎ」 # をご案内紹介される。 合成洗剤	レファレンス
7	3/18	赤い鳥たの、たと鳴る母の作文で エクセルしてほしい 他そういか掲載年は 不明	日時や5年（103）を目安に その裏寿やそのすべて 確認し、昭和3年を5月任作本棚に発見	レファレンス
8	3/18	「花言葉で さよなら」を さがしてる 青架案内		書架案内
9	〃	新美南吉「ニひきのかえる」の 絵本 主上にほしです	〃	〃
10	2/19	山田予済が のっている 22×22cmの本	おそらく「ぜんぶわかる写真の電車ものしりずかん」 B~の本と 2017/10/21に除籍されていたため、	〃

図8-1　レファレンス記録用紙（筆者撮影）

る。調査に時間がかかった場合は、あとで別紙に質問の詳細を記載するといい。紙ではなくマイクロソフトの Excel に入力すると検索や印刷が容易なので、館員で共有しやすくなる。この別紙の記載項目は、図8-2に示したように少なくとも次の6つはあったほうがいいだろう。①日時、②担当者、③質問者、④質問内容、⑤経過、⑥結果である。別紙に記載するときには、質問者個人を特定できる情報を記入しないこと、プライバシーを尊重すること、差別表現などの点で問題がないかなどに注意する。

　これらの6項目だけでは物足りない場合もなかにはあるだろう。表8-4は、「レファレンス協同データベース」のレファレンス記録票である。「レファレンス協同データベース」は、国立国会図書館が全国の図書館などとの協同で構築する調べ物の記録の検索サービスである。項目の数が多く入力するのは大変だが、それらの項目の内容をもとに検索することができるので便利である。

4　事例の共有範囲

　レファレンス事例はその重要性などを考慮したうえで、どのくらいの範囲

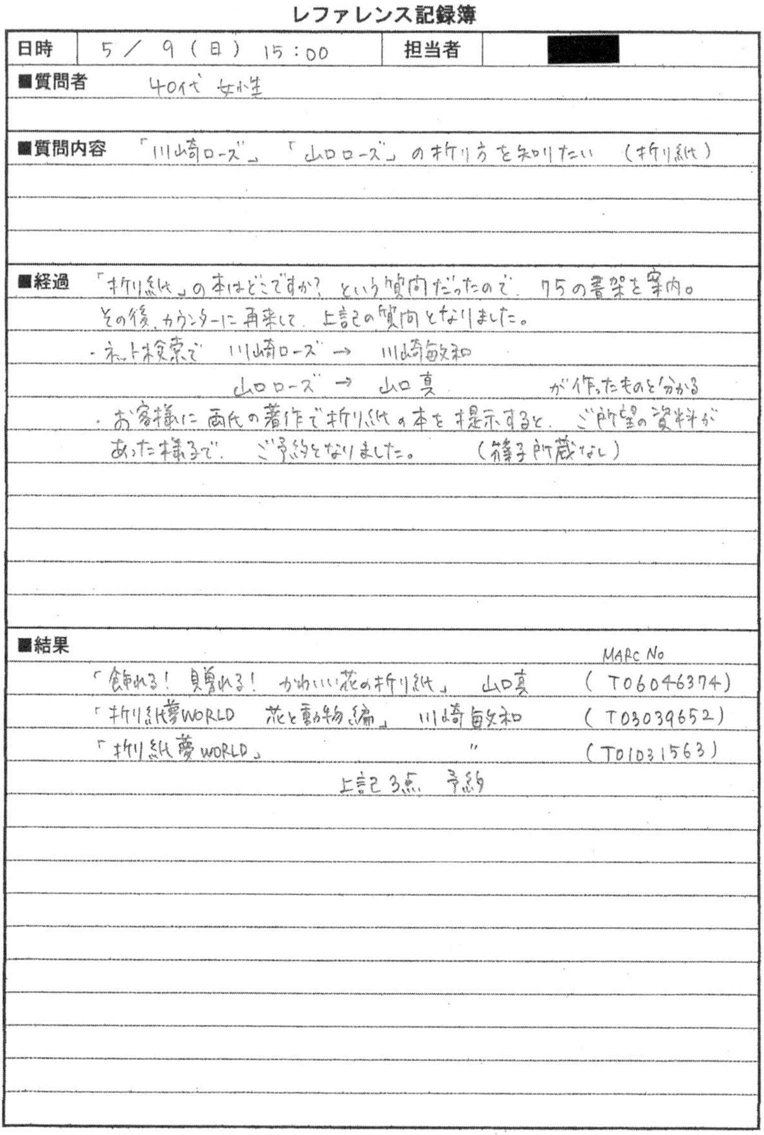

レファレンス記録簿

日時	5 / 9 （日） 15：00	担当者	

■質問者 40代 女が生

■質問内容 「川崎ローズ」「山口ローズ」の折り方を知りたい （折り紙）

■経過
「折り紙」の本はどこですか？ という質問だったので、75の書架を案内。
その後、カウンターに再来して、上記の質問となりました。
・ネット検索で 川崎ローズ → 川崎敏和
　　　　　　　山口ローズ → 山口真　　　　　が作ったものと分かる
・お客様に両氏の著作で折り紙の本を提示すると、ご所望の資料が
あった様子で、ご予約となりました。　（篠子所蔵なし）

■結果
　　　　　　　　　　　　　　　　　　　　MARC No
「飾れる！貝覧れる！かわいい花の折り紙」 山口真　（ T06046374 ）
「折り紙夢WORLD 花と動物編」 川崎敏和　（ T03039652 ）
「折り紙夢WORLD」 　　　　〃　　　　（ T01031563 ）
　　　　上記3点、予約

図8-2　レファレンス記録簿（筆者撮影）

表8-4 「レファレンス協同データベース」(レファ協)の入力フォーマットと入力内容説明
レファレンス記録票

氏名・所属			管理番号	
公開レベル		□自館のみ参照　　□参加館公開　　□一般公開		
質問	レファレンス質問の内容			
回答	回答した内容			
回答プロセス	回答のために経た調査過程			
事前調査事項	質問者が、事前に調べていた事項に関する情報(資料の書誌事項や、事前に照会した機関など)			
NDC	レファレンス事例の主題分類を示す 日本十進分類法の分類番号	□7版　　□8版　　□9版		
		□7版　　□8版　　□9版		
参考資料	回答を作成するにあたって、参考にした情報資源			
キーワード	レファレンス事例の中心的な内容や主要な概念を表現している語			
照会先	回答の情報源として質問者に示した照会先機関(質問受付館外部の人・機関)			
寄与者	事例作成に際し、情報提供などをした図書館外部の人と機関			
備考	調べ方のコツ、回答の補足など			
事例作成日	年　　　月　　　日　解決/未解決　□解決　　□未解決(メール配信 する しない)			
調査種別	□文献紹介　　□事実調査　　□書誌的事項調査　　□所蔵調査　　□所蔵機関調査　　□利用案内　　□その他( )			
内容種別	□郷土　　□人物　　□言葉　　□地名　　□その他( )			
質問者区分	□未就学児　　□小中学生　　□高校生　　□学生　　□社会人　　□団体　　□図書館　　□その他( )			

(出典:国立国会図書館「レファレンス協同データベース・システム操作マニュアル(参加館用) 3. 画面からのデータ登録・更新」「レファレンス協同データベース」国立国会図書館〔https://crd.ndl.go.jp/jp/help/crds/reg.html#chap3-1-2〕〔2024年3月3日アクセス〕をもとに筆者作成)

で情報を共有するべきかを判断する。共有範囲には3段階ある。第1段階は自館だけでの共有である。どこでも聞かれるような簡易な事例（「『かいけつゾロリ』はどこにありますか?」など）がこれに当てはまる。第2段階は参加館公開である。同一自治体にとって必要な事例は他館と共有するのが望ましい。例えば、地域の祭りについての質問などがそれにあたる。第3段階は一般公開である。図書館ウェブサイトや「レファレンス協同データベース」に載せるべき事例や、比較的専門的な内容であったり地域固有の事例であったりする場合などは、一般公開するのが望ましい。

5　事例データベースの作成

　コンピューターに事例を入力しておくと、あとで検索できるので利活用しやすい。最初のうちは Excel に入力すればいいが、ある程度データが蓄積されたら、次の段階としてマイクロソフトの Access などのデータベースソフトで管理する。または、契約している図書館システムに入力して自治体内の複数図書館で共有することもできる。以上のような段階を踏まない場合は、最初から「レファレンス協同データベース」に登録していく。

第3章
レファレンス事例の公開例

　レファレンス事例をウェブサイトで公開していたり、そこで事例を検索することができるようにしていたりする図書館がある。公開することによって、レファレンスについてよく知らない人も、どのようなことを図書館に尋ねることができるのかを具体的に知ることができる。

1　事例を公開している図書館

①堺市立図書館「こんな調べものがありました――レファレンス事例集」（https://www.lib-sakai.jp/link/jireisyu.htm）
②福井県立図書館「覚え違いタイトル集」（https://www.library-archives.pref.fukui.lg.jp/tosyo/category/shiraberu/368.html）

2 事例検索が可能な図書館

①川崎市立図書館「レファレンス事例検索」（https://www.library.city.kawasaki.jp/referencesearch;jsessionid=4BA3239101E2EF180ADBC22F7CF79B12）
②大垣市図書館「レファレンス事例検索」（https://www.ocpl.ogaki.gifu.jp/opw/OPW/OPWREF.CSP?DB=LIB&MODE=1）

第4章
演習1

　表8-5は、A図書館の情報サービスに関する実績である。この図書館の職員になったと仮定して、この表をもとに2024年度に向けて、情報サービスの方向性や問題点、改善点、取り組むべき事柄についての考えをまとめなさい。

第5章
演習2

　次の①から③は、レファレンス専用カウンターがない図書館が貸出カウンターでレファレンス対応したときのメモである。来館者に対応しながらメモを取っていたため、情報が不足している。それぞれのメモを読んで、これらの事例について図8-2に示したフォーマットおよび表8-4で示した「レファレンス協同データベース」のフォーマットをExcelで作成し、メモに不足している情報を補って項目を入力しなさい。その際、記入する項目数と項目の内容について入力情報の適切な分量を考えなさい。

①過去10年程度の石川県輪島市の平均気温を知りたい。
日時：2024年1月27日
来館者：大人
回答：『理科年表 2024 令和6年 第97冊[(4)]』を手に取る。気象部の気6（186）の気温の月別平均値に表あり。1991年から2020年までの平均値として輪島

表8-5　A図書館の情報サービスに関する実績（筆者作成）

大区分	評価項目	実績	
		2022年度	2023年度
レファレンスサービス	レファレンス受付件数	10,571件	10,347件
	レファレンス回答平均所要時間	口頭：5分 電話：5分 メール：3日 文書：2日	口頭：5分 電話：9分 メール：4日 文書：2日
	レファレンスブック購入費	3,500,000円	3,390,000円
	オンラインデータベース提供数	8種類	7種類
	オンラインデータベース提供費用	3,520,000円	2,420,000円
	オンラインデータベース総利用時間	2,838時間	2,746時間
	オンラインデータベース利用件数	5,700件	4,300件
レフェラルサービス	専門情報機関などの紹介件数	20件	20件
	専門情報機関などへの資料の照会件数	15件	15件
情報発信サービス	レファレンス紹介ページアクセス件数	456,245件	417,998件
	パスファインダー作成件数	12件	14件
情報リテラシー支援	館内ツアー開催件数	10件	12件
	館内ツアー参加人数	24人	48人
	データベース講習会開催件数	10件	12件
	データベース講習会参加人数	24人	48人

市の2月3.4度とあり。

②2022年のアメリカからの観光客数を知りたい。

日時：2024年1月28日

来館者：大人

回答：『日本がわかるデータブック　日本国勢図会 2023/24 第81版[5]』を見る。394ページの表タイトルに「表30訪日外客数と旅行消費額」。アメリカは324（千人）とあり。

③東川賞の新人賞の賞金を知りたい。

日時：2024年1月30日

来館者：大人

回答：「Wikipedia」に賞金の記載なし。公式ウェブサイトはリンク切れ。『日本の「国際賞」事典[6]』を参照。22ページに「写真の町 東川賞」あり。「賞・賞金」として新人作家賞：50万円。

注

(1) 豊中市教育委員会「豊中市立図書館に関するアンケート調査報告書」豊中市教育委員会、2020年（https://www.lib.toyonaka.osaka.jp/2019enquete_honpen_2.pdf）［2024年3月3日アクセス］

(2) 「質問処理票」、前掲『図書館情報学用語辞典 第5版』、「JapanKnowledge」（https://japanknowledge.com）［2024年3月3日アクセス］

(3) 「レファレンス事例データベース」、同ウェブサイト

(4) 国立天文台編『理科年表 2024 令和6年 第97冊』丸善出版、2023年

(5) 矢野恒太記念会編『日本がわかるデータブック 日本国勢図会 2023/24 第81版』矢野恒太記念会、2023年

(6) 日外アソシエーツ編『日本の「国際賞」事典』日外アソシエーツ、2020年

第9回

図書を探す

第1章
所蔵調査の基本

1　キーワード検索と NDC および BSH を使った検索の違い

　あなたが図書館員で、毒親に関する本を探していると仮定しよう。「デジタル大辞泉」によると毒親とは「俗に、子供に悪い影響のある親。児童虐待に該当する行為で子供を傷つけたり、過干渉・束縛・抑圧・依存などによって子供の自立をさまたげたりする親」である。

表9-1　毒親に関する図書キーワード検索結果（筆者作成）

番号	書名	編著者など
1	私、毒親に育てられました	中村淳彦
2	毒親絶縁の手引き——DV・虐待・ストーカーから逃れて生きるための制度と法律	柴田収監修、紅龍堂書店編著
3	宝石姫は、砕けない——毒親にネグレクトされていた私は、帝国皇子に溺愛されて輝きます	みなと
4	あなたがしたいことをすると、それが世界を喜ばせる——神様テスト	中川明美
5	人は燃やせば骨と自己愛しか残らない——在米生活40年以上、人生70年以上で遂に分かっちゃった！	木田橋美和子
6	幸せになるには親を捨てるしかなかった——「毒になる家族」から距離を置き、罪悪感を振り払う方法	シェリー・キャンベル著、高瀬みどり訳
7	ごきげんようみんなの人生	広海／深海
8	恋の幽霊	町屋良平
9	Z世代のネオホームレス——自らの意思で家に帰らない子どもたち	青柳貴哉
10	科学がつきとめた「運のいい人」新版	中野信子
11	顔面放談	姫野カオルコ
12	シニア右翼——日本の中高年はなぜ右傾化するのか	古谷経衡
13	感情に振り回されないレッスン	中野信子

92

「国立国会図書館サーチ」を開くと「検索キーワードを入力」とあるので、そこに「毒親」と入力してそのまま検索してみる。漫画と児童書を除いて、2023年に紙の図書で出版された本13冊を国立国会図書館に所蔵していた。それを整理したのが表9-1である。だが、これだけだろうか。この表の分類（NDC）を見てほしい。「367.3」になっている図書が2冊ある。これは「家．家族関係」を示す分類である。キーワードの「毒親」を削除してNDCの入力欄に367.3と入力して、NDCによる分類記号で検索すると、鈴木あけみ『夫婦の不満を解毒するカップルデトックス――夫婦の幸せはこれで取り戻せます』（創藝社、2023年）があるとわかった。

さらに、表9-1の件名標目（BSH）が「親子関係」になっている図書が2冊ある。NDCの入力欄を削除して、件名の入力欄に親子関係と入力し、その図書が扱っているテーマを示す言葉で検索すると、次の3冊の図書がヒットした。①益田裕介『精神科医が教える親を憎むのをやめる方法』（KADOKAWA、2023年）、②リンジー・C・ギブソン『親といるとなぜか苦しい――「親という呪い」から自由になる方法』（岡田尊司監訳、岩田佳代子訳、東洋経済新報社、2023年）、③畑中映理子『親子の意味――「親の呪縛」から

出版者	分類 （NDC）	件名標目（BSH）
宝島社	369.4	児童虐待―日本、親子関係―日本
RUBY DRAGON BOOKS	367.3	親子関係
講談社	913.6	―
Clover 出版	498.39	精神衛生
東京図書出版	914.6	―
ダイヤモンド社	367.3	親子関係
ワニブックス	159	身上相談
朝日新聞出版	913.6	―
KADOKAWA	368.2	ホームレス―日本、青年―日本
サンマーク出版	159	人生訓
集英社	914.6	―
中央公論新社	361.65	右翼―日本、中高年齢者―日本、情報化社会―日本
プレジデント社	159	人生訓、脳

第1章　所蔵調査の基本　　93

自由になる方法』（アルソス、2023年）。

　このように、検索するときはキーワード検索だけではなく、NDC と BSH も使うと、検索漏れをできるだけ防ぐことができる。こうした検索方法は、図書館員が専門性を身につけているからこそ駆使できるが、そのためには目録の知識をもつことが必要である。NDC と BSH は情報資源組織論と情報資源組織演習で学習するので、よく理解するようにしてほしい。

2　図書の所蔵調査の基本的な流れ

　図9-1は、来館者から図書の所蔵を尋ねられた際の基本的な流れを示している。まず、自館で所蔵しているかどうかを OPAC で検索する。ただし、図書によっては検索するまでもなく「あそこの棚にある」とか「それは話題の本なので貸し出されていていまは館内にない」というように即答できることもある。所蔵していれば、図書を案内して終了になる。

　自館や自治体内の他館に所蔵していない場合、ないことを来館者に伝えると同時に、隣接自治体の所蔵状況を調べるかの希望を尋ねる。来館者から調査しなくてもいいと言われたら調査終了である。だが、たいていはなんとかして読みたいと言われることが多い。次の段階で確認すべきなのは、その図書は現在市販されているかどうかである。まだ発売されていない場合や、発売されていて図書館で発注したものの、まだ納品されていないこともある。別な問題として、来館者が書名を間違えていることもある。インターネット書店のウェブサイトで検索して、当該図書の存在を確認するといいだろう。図書の存在を確認したら隣接自治体の図書館で所蔵しているか否かを調べるために、隣接自治体の図書館ウェブサイトにアクセスして WebOPAC で検索する。所蔵していれば来館者にそのことを伝える。状況によっては相互貸借で申し込んでから提供できるまでに1週間程度かかり、急いでいるなら来館者が直接その図書館に行ったほうが早い場合があるので、そのことも伝える。

　隣接自治体の図書館に所蔵していない場合は、都道府県内の図書館にあるかどうか、都道府県立図書館が作成・提供している横断検索を使って検索する。都道府県内の図書館で所蔵していれば、相互貸借で借りることができる。この場合も直接その図書館に行ってもらったほうが早いこともあるの

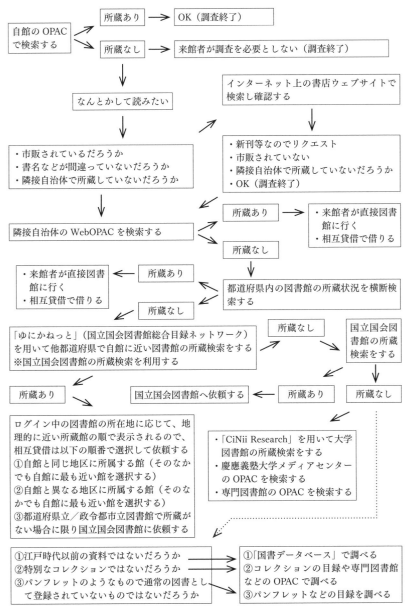

図9-1　図書の所蔵調査の基本的な流れ
(出典：大串夏身／齊藤誠一編『情報サービス論』〔理想社、2010年〕58ページをもとに筆者作成)

で、そのことを伝えて取り寄せるか直接借りにいくかを聞いてみる。

　都道府県内の図書館にない場合は、「ゆにかねっと」（国立国会図書館総合目録ネットワーク）を使って他都道府県にあり自館に近い図書館で所蔵しているかどうかを調べる。「ゆにかねっと」は、都道府県立図書館、政令指定都市立図書館が所蔵する、主に「和図書」の書誌データの提供を受けて構築する総合目録である。所蔵検索だけでなく、参加館は検索結果から相互貸借を申し込むことができる。

「国立国会図書館サーチ」にログインすると自動的に「ゆにかねっと」を用いて調査していることになる。自館から地理的に近い順に検索結果が表示されるので、その結果を来館者に伝え、「読みたい」と希望すれば当該図書館に相互貸借を依頼する。なお、東京都内の図書館で依頼を受けた場合は、国立国会図書館東京本館は東京メトロ有楽町線永田町駅2番出口から徒歩約5分とアクセスしやすいので、国立国会図書館の所蔵状況を調べ、所蔵があり見ることができる資料なら、貸出はできないが国会図書館に直接行ったほうが早く内容が確認できると伝えることが多い。

　他都道府県にも所蔵していなければ国立国会図書館の所蔵状況を確認し、所蔵があれば取り寄せたいと依頼する。ただし貸出はできないので、来館者には自館内で閲覧してもらう。また、デジタル化している図書も多いので、その場合は自館の端末を使ってすぐに読んでもらうことができる。国立国会図書館にも所蔵していない場合、考えつくのは江戸時代以前の資料か、あるいは特別なコレクションか、パンフレットのようなものなのではないかということである。そのことを念頭に置いて、「CiNii Research」を用いて大学図書館の所蔵検索をおこなう。それでも見つからなければ、大学図書館のなかでも多くの資料を所蔵する慶應義塾大学メディアセンターの OPAC を検索する。それでもなければ、専門図書館の OPAC を検索する。

第2章
回答に使用する情報資源

1　インターネット情報源

　図9-1に示した図書の所蔵調査の基本的な流れに沿って、調査に利用する

データベースを以下に紹介しよう。

①「出版書誌データベース」（Pub DB）（https://www.books.or.jp/）
　日本出版インフラセンターの出版情報登録センターが管理・運営する、出版書誌データベース。出版各社が提供する、国内で発行された紙の書籍・電子書籍の情報を収録している。

②「Honya Club.com」（https://www.honyaclub.com/shop/default.aspx）
　発売中の本、雑誌、コミック、CD、DVD、洋書・洋雑誌の検索が可能。本によっては試し読みもできる。

③「e-hon」（https://www.e-hon.ne.jp/bec/EB/Top）
　発売中の本、雑誌、コミック、CD、DVD などの検索が可能。本によっては試し読みもできる。

④「honto」（https://honto.jp/）
　丸善、ジュンク堂、文教堂などの店舗とネット通販、電子書籍が連動したハイブリッド総合書店サイトである。

⑤東京都立図書館「統合検索」（https://uf-pub01.ufinity.jp/cassV3metro/cassrh.do?sc_locale=ja&tenantId=metro&&tab_num=3&mode=detail）
　東京都内の公共図書館などの蔵書の横断検索ができる。

⑥「カーリル」（https://calil.jp/）
　全国の図書館の蔵書情報と貸出状況の検索ができる。「ブクログ」や「読書メーター」などの外部とサービス連携していて、該当図書について深く知ることができる。

⑦「国立国会図書館サーチ」（https://ndlsearch.ndl.go.jp/）
　検索の対象資料を国立国会図書館に限定したり、全国の図書館も含めたりできる。インターネットで閲覧できるデジタルコンテンツに絞って検索することもできる。

第2章　回答に使用する情報資源

⑧「CiNii Research」（https://cir.nii.ac.jp/）
　大学図書館が所蔵する論文・データ、日本の博士論文などの検索ができる。書誌データだけでなく PDF で本文を読める場合もある。

⑨「慶應義塾大学メディアセンター」（https://www.lib.keio.ac.jp/）
　2019年9月2日から慶應義塾大学メディアセンター（図書館）と早稲田大学図書館は、日本初となる図書館システムの共同運用を開始した。これによって両大学の所蔵資料を一度で検索することが可能になった。

⑩「dlib.jp」（https://dlib.jp/）
　OPAC を公開している専門図書館の横断検索ができる。

2　紙媒体

　いまやインターネットを使って情報を得ることができるため、図書目録を見ることは少なくなった。しかし、レファレンスブックとしては、以下の3冊がいまも利用されている。なお、下記は年ごとに刊行している。

①日外アソシエーツ編『BOOK PAGE 本の年鑑 2023 I』日外アソシエーツ、2023年
　2022年の新刊書4万8,000冊を約1,000項目に及ぶ見出しのもとに分類し、その要旨、目次などを紹介している。これは第1巻で、実用書、絵本・児童書、哲学・心理学・宗教・歴史、語学・教育、芸術・芸能、文学・小説を収録している。

②日外アソシエーツ編『日本件名図書目録 2022 II 一般件名 あ〜しょ』日外アソシエーツ、2023年
　主題を表す「件名」から引くことができる図書目録。「II　一般件名」には、商業出版物、官庁出版物、私家版など6万1,173点を収録する。「イギリス文学」「哺乳類」「源氏物語」「江戸時代」というように主題の語から検索できる。

③『ヤングアダルト図書総目録 2023』ヤングアダルト図書総目録刊行会、2023年

　ヤングアダルト（13—19歳）世代を対象にした、2023年2月現在刊行されているあらゆる分野の本を網羅し、哲学・宗教、歴史・地理・伝記、社会科学などの項目ごとに掲載した図書目録である。

第3章
演習1

　都道府県立図書館以外の自治体図書館（区市町村立図書館）から任意の一館を選び、その図書館の WebOPAC を立ち上げる。カウンターで来館者に質問されたという前提で、図9-1を踏まえて以下の調査をしなさい。①から③は、書名だけではなく NDC と BSH も調べること。④と⑤は、所蔵している図書館まで調べること。

①糖尿病を防ぐ食事療法の本を読みたい。
②インドカレーのレシピ本はありますか？
③インドカレーについての歴史がわかる本はありますか？
④佐伯泰英の「新・酔いどれ小籐次」シリーズの新作は、いつ発売されますか？、あるいはすでに発売されていますか？
⑤鳥羽亮の「介錯人・父子斬日譚」シリーズの新作は、いつ発売されますか？、あるいはすでに発売されていますか？

第4章
演習2

　あなたが区市町村立図書館に勤務していると仮定し、任意で図書館を選び WebOPAC を立ち上げる。カウンターで来館者に質問されたという前提で、図9-1を踏まえて以下の調査をしなさい。質問を耳で聞いたと仮定しているため、あえて質問内容をカタカナ表記にしている。

①ニホンヴォーグシャから出ている『ミンナ ノ トモダチ ドラエモン ノ セーター』を借りたい。

②ショウガッカンから出ている『ジャングル ファクトリー ノ ミニ ヨンク スーパー ダイズカイ サン』を借りたい。

③ヨコヤマ、カツヤが書いた『ホーム ヴィティーアール ニュウモン』を借りたい。

④キラクシャから出ているデコの『イヌ ガ ヨロコブ テヅクリ オヤツ ゴジュウ ノ レシピ』を借りたい。

⑤ケイギョウシャから出ているオカムラ、キンタロウが書いた『カイソウガク ハンロン』を読みたい。かなり古いので紙でなければデジタルでもいい。

注

(1) 「どく‐おや【毒親】」「デジタル大辞泉」小学館、「JapanKnowledge」（https://japanknowledge.com）［2024年3月3日アクセス］

第10回

外国語図書と翻訳図書を探す

第1章
所蔵調査の基本

1　言葉の定義

『図書館情報学用語辞典 第5版』では、OCLC を次のように定義している。

> 代表的な書誌ユーティリティで、米国オハイオ州ダブリンに本部をおく
> 非営利会員組織である。理事会、グローバル評議会、3つの地域評議会
> の運営体制をとる。1967年に同州内の大学図書館が共同で創設した
> Ohio College Library Center として発足し、1981年 OCLC Online
> Computer Library Center, Inc.、2017年 OCLC, Inc. と改称した。初代
> 所長キルゴー（Frederick Gridley Kilgour 1914−2006）が分担目録システ
> ムを始め基礎を築いた。1971年54機関80端末で始まったオンライン分
> 担目録作業は、2000年代前半から米国外の機関も参加できるようにな
> り、123か国・地域の17,983機関が参加している（2019年現在）。
> WorldCat 上の書誌レコード数は4億5,000万件を超える。日本では1986
> （昭和61）年にサービスを開始した。ほかに図書館サービス・プラット
> フォームの提供、クラウドを用いた相互貸借システムの運用、リンクト
> データを活用したアプリケーション開発、ウェブ版のデューイ十進分類
> 法 WebDewey の更新・提供など、図書館向けの多様なサービスを展開
> し、研究開発も積極的に推進している。[1]

2 外国語図書の所蔵調査

　公立図書館は、大学図書館と比べて外国語図書の所蔵が少ない。英語や中国語、朝鮮語の図書を所蔵する公立図書館はあるが、ロシア語やタガログ語のように日本ではなじみが薄い言語になると、所蔵していないことが多い。しかし、最近は多文化共生社会の推進をテーマに掲げている自治体も多く、今後、さまざまな外国語の資料についても外国人来館者などから尋ねられるケースが増える可能性は十分にある。

　筆者が図書館に勤務していたときは、外国人から外国語図書について尋ねられたときには、書名や著者名を紙に書いてもらった。うまく聞き取れなかったり検索する際につづりがわからなかったりすることが多いためである。あるとき、来館者が教えてくれたつづりで検索画面の著者名の欄にアルファベットで入力してみると、「0件」と表示されたことがあった。かなり有名な著者なので1冊もないはずはないと不審に思い、ウェブサイトで検索するとつづりが1文字違っていた。また、書誌データによっては、検索画面のキーワード検索の欄にアルファベットではなくカナで著者名を入れて検索すると、検索結果の「著者」や「主題」の欄にアルファベットで著者名が表示されることがある。

　外国語の図書の所蔵調査も、基本的には第9回の図9-1で示した流れに沿っておこなえばいい。しかし、その図書が実際に刊行されているのかどうかをインターネット書店で検索し確認してから、蔵書の調査に進む必要がある。

3 翻訳図書の所蔵調査

　翻訳図書の所蔵調査も外国語の図書と同様、基本的には第9回の図9-1の流れで進める。まず最初に、その図書が存在するのかをインターネット書店で検索して確認する。日本語の翻訳書が、実際には出版されていない場合もある。例えば、ノーベル文学賞を受賞した作家の作品を読みたいと言われた場合、その作家の作品の日本語訳がまだなかったり、原書も図書館が所蔵していなかったりすることがある。

作家ではなく外国作品のタイトルから探すとき、日本語のタイトルと外国語のタイトルがまったく異なる場合がある。また、著者名とおおよその内容しかわからないときは、著者の出身国の国立図書館の蔵書検索で、著者名を検索して確認するという方法がある。

　調査を始める前に来館者に分野・内容・ジャンルを確認しておけば、調査範囲を絞り込むことができる。原書の出版年がわかる場合、翻訳図書の刊行年を絞り込むことで調査の効率化が図れる。調査した結果、書誌データに原題が併記されていない場合には、該当すると思われる翻訳図書の標題紙裏や奥付、訳者あとがき、解説などに原題が記されていないかを確認する必要がある。

　著者を手がかりにして調査する場合は、次の3点に注意する。①どこの国のどんな分野で活躍した人物かを把握する。②名前の原つづりとカナ表記を確認する。③姓と名の区別、ペンネームの有無に注意する。

第2章
外国語図書と翻訳図書の調査に使用できる情報資源

1　インターネット情報源

①「Amazon」（https://www.amazon.co.jp/）
　外国語の図書の情報が新刊から古本まで幅広くそろっている。日本の「Amazon」で検索して見つからない場合は、アメリカや当該国の「Amazon」で検索すると見つかることがある。本によっては試し読みができる。

②「紀伊國屋書店ウェブストア」（https://www.kinokuniya.co.jp/）
　和書、洋書、電子書籍などが検索可能。洋書は「英文書」や「イタリア書」などジャンルで探すことができる。

③「WorldCat」（https://search.worldcat.org/ja）
　アメリカ議会図書館や大英図書館をはじめとする各国の国立図書館などが参加している、世界最大の総合目録である。

第2章　外国語図書と翻訳図書の調査に使用できる情報資源　　103

2　紙媒体の情報源

①日外アソシエーツ編『翻訳図書目録 2020‒2022 III 芸術・言語・文学』日外アソシエーツ、2023年

　2020年1月から22年12月までに日本国内で刊行された翻訳図書ないしは翻訳を含む図書の目録。この第3分冊には、日本十進分類法でおおむね7門（類）から9門（類）に該当する図書8,123点の情報を収録している。

②日外アソシエーツ編『翻訳小説全情報 2019‒2021』日外アソシエーツ、2022年

　日本語に翻訳された小説・戯曲を網羅的に集め、著者名の50音順に構成した図書目録。2019年から21年までの3年間に日本国内で刊行された、2,473人の作家の小説・戯曲5,129点（児童書を除く）の情報を収録している。

③日外アソシエーツ編『世界文学全集／個人全集・作品名綜覧 第 IV 期』（世界文学綜覧シリーズ）、日外アソシエーツ、2017年

　国内で刊行された外国文学の全集と、海外作家の個人全集を一覧し検索できる。「内容綜覧」「作家名綜覧」「作品名綜覧」を併用すれば、全集名、作家名、作品名のいずれでも検索ができる。2005年から17年にかけて完結した世界文学全集46種514冊と、79人の作家の個人全集91種420冊の情報を収録している。

第3章
事例

　ここでは、実際のレファレンスの例を2件ほど紹介しよう。

①問い合わせ：アグネス・ザッパー『愛の一家——あるドイツの冬物語』（遠山明子訳〔福音館文庫〕、福音館書店、2012年）の「訳者あとがき」に、『愛の一家』の前史を書いたものとして『小さなおばかさん』（*Das Kleine Dummerle*）という本と、続篇として『成長期』（*Werden und Wachsen*）という本を

紹介している。日本で出版されているかわからないが、読めるなら読んでみたい。

対応：『小さなおばかさん』（植田敏郎訳〔子ども図書館〕、大日本図書、1976年）を予約して提供した。『成長期』については、『愛の一家 続』（宮原晃一郎訳、中央公論社、1940年）と『愛の人びと』（桜井和市訳〔若草文庫〕、三笠書房、1956年）として2冊の翻訳図書が存在すること、またこの2冊は「国立国会図書館デジタルコレクション」で読めることを伝えた。

　回答までのプロセスは以下のとおり。著者名「アグネス・ザッパー」で同一自治体内の資料を検索すると、1976年刊行の『小さなおばかさん』を所蔵していることがわかった。一方、『成長期』は所蔵していなかった。次に「Wikipedia」の「アグネス・ザッパー」の項を調べると、『成長期』に関する記述はないが、日本で『続・愛の一家』という本が刊行されているという記述があった。この『続・愛の一家』については、著者の略歴欄に「『大きくなったベフリング家の子供たちのその後』（『続・愛の一家』『愛の人びと』）」と書かれていたが、『続・愛の一家』（および『愛の人びと』）が『成長期』の翻訳かどうかはわからなかった。

『新・こどもの本と読書の事典』を調べたところ、326ページの「ザッパー、アグネス Sapper, Agnes」の項に、「続編『大きくなったプフェリングの子どもたち』（未訳）などの作品がある」と書いてあった。『大きくなったプフェリングの子どもたち』は、「Wikipedia」で『大きくなったベフリング家の子供たちのその後』と記されたものと同一だと推測できるが、『成長期』と同一かは、依然として不明だった。

「国立国会図書館サーチ」で「Agnes Sapper」を検索したところ、日本語のタイトルで『成長期』や、それに類するタイトルはなかった。著者「Agnes Sapper」、タイトル「Werden und Wachsen」で検索しても、日本語のタイトルはヒットしなかった。ただし、*Werden und Wachsen* の原題には、*Erlebnisse der grossen Pfäfflingskinder* という副題があることがわかった。これを DeepL で翻訳すると、「フェフリングスの子供たちの体験談」になり、『新・こどもの本と読書の事典』に記述されている『大きくなったプフェリングの子どもたち』と「Wikipedia」にある『大きくなったベフリング家の子供たちのその後』というタイトルは、この副題のことかもしれないと推察した。

「国立国会図書館サーチ」で、「Wikipedia」に記載があった「続 愛の一家」を検索すると、『愛の一家 続』（宮原晃一郎訳、中央公論社、1940年）がヒットした。「国立国会図書館デジタルコレクション」でこの本の実物の標題や奥付を見ても原題は見当たらなかったが、訳者の「まへがき」を読むと、「『発育と成長』といふ意味がこの本の原名である」とある。「JapanKnowledge」の『独和大辞典 第2版』で『成長期』の原題 *Werden und Wachsen* を調べたところ、「Werden」と「Wachsen」はどちらも「成長する」といった意味があり、『發育と成長』と合致する。そのため、『愛の一家 続』は、*Werden und Wachsen* の翻訳だと推測することができた。

　同様に、「国立国会図書館サーチ」で「愛の人びと」を検索すると、『愛の人びと』（桜井和市訳〔若草文庫〕、三笠書房、1956年）がヒットした。この本も「デジタルコレクション」で閲覧することができ、表紙に「Werden und Wachsen」とあった。以上の調査によって、「Wikipedia」の『大きくなったベフリング家の子供たちのその後』は、*Werden und Wachsen* を指すことがわかった。また、『新・こどもの本と読書の事典』に記載された『大きくなったプフェリングの子どもたち』が *Werden und Wachsen* を指すならば、「（未訳）」という記述は誤りになる。

　中央図書館で所蔵している『海外小説〈非英語圏〉原題邦題事典』で調べたところ、『続・愛の一家』も『愛の人びと』も *Die Familie Pfäffling*（『愛の一家』の原題）の翻訳として記載されていて、*Werden und Wachsen* の項はなかった。なぜこのような記述になったのかは不明である。ほかに *Werden und Wachsen* の翻訳がないか、日外アソシエーツ編『翻訳小説全情報』の古いもの（『翻訳小説全情報45/92』1994年）から最新版（『翻訳小説全情報 2019－2021』2022年）までを調べたが、見当たらなかった。なお、都道府県レベルの公立図書館の統合検索で『続・愛の一家』と『愛の人びと』を検索したが、相互貸借で提供できる資料はなかった。

②問い合わせ：ピーター・ロビンスン作の「アラン・バンクス刑事」シリーズが18作出ていると本のカバーにあり、全作が翻訳されているのか知りたい（できれば全部読みたい）。
対応：ピーター・ロビンスン公式ウェブサイト（http://www.inspectorbanks.com/books/）で、2012年までに出版したこの著者による書籍のタイトルがわ

かるが、どの本がバンクス刑事シリーズなのかは、それぞれのタイトルをクリックして内容紹介（英語）を読まなければわからない。

　ピーター・ロビンスンのファンによる感想を集めたウェブサイトの「作家略歴」（http://www.geocities.jp/madara_66/p_robinson.html）（現在はリンク切れ）にシリーズのリストがあるが、2008年までしか載っていない。ただし、そこには翻訳された作品のリストもあり（「Wikipedia」にも同様のリストがある）、「Amazon」で著者名を日本語で検索すると、そのリストにある本以外で翻訳された本はないようである。

　「Goodreads」に「Inspector Banks series」のページがあり、それによるとイギリスで2012年までに20冊が刊行されていることがわかった。同一自治体の図書館には翻訳図書では『エミリーの不在』『余波』『渇いた季節』『誰もが戻れない』だけが所蔵されていた。

第4章
演習1

　都道府県立図書館を除く全国の区市町村立図書館のなかからどれか1館を任意で選び、その図書館の WebOPAC を立ち上げる。あなたが図書館員でカウンターで来館者に質問されたという前提で、図9-1を踏まえて以下の英語図書について調査し、所蔵している図書館を見つけなさい（1館だけでいい）。なお、図書の形態はペーパーバックでもいい。

①2019年に出た Jason Barron の *The Visual MBA: A Quick Guide to Everything You'll Learn in Two Years of Business School* を読みたい。
②2006年に出た Tracy Chevalier の *Girl with a Pearl Earring* を読みたい。
③1969年くらいに出た Laura Ingalls Wilder と Garth Williams の *Little Town on the Prairie*（Puffin Books）を読みたい。
④2000年に出た Samuel Pepys らの *Diary of Samuel Pepys, Vol. 1*を読みたい。
⑤1982年くらいに出た Elizabeth Cleghorn Gaskell と Angus Easson の *Cousin Phillis and Other Tales*（The World's Classics）を読みたい。

第5章

演習2

　あなたが全国の区市町村立図書館のいずれかに勤務している図書館員だと
仮定して、その図書館の WebOPAC を立ち上げる。カウンターで来館者に
質問されたという前提で、図9-1を踏まえて以下の翻訳図書について調査
し、所蔵している図書館を見つけなさい（1館だけでいい）。

①趙全勝の *Interpreting Chinese Foreign Policy* の日本語訳を読みたい。
② *Taschenbuch für den Winterkrieg* の日本語訳を読みたい。
③ *Determinismus und Indeterminismus in der modernen Physik* の改訳新版を
読みたい。
④ Rameau, Jean-Philippe の *Traité de L'harmonie Reduite à ses Principes Na-
turels* の日本語訳を読みたい。
⑤ Buchmann, Johannes A の *Einführung in die Kryptographie* 原著第3版の
翻訳を読みたい。

第6章

演習3

　あなたが全国の区市町村立図書館のいずれかに図書館員として勤務してい
ると仮定して、その図書館の WebOPAC を立ち上げる。カウンターで来館
者に質問されたという前提で、図9-1を踏まえて以下の外国語図書について
調査し、所蔵している図書館を見つけなさい（1館だけでいい）。

① SB クリエイティブ2018年刊の翻訳だったと思うのだが、읽자마자 수학
과학에 써먹는 단위 기호 사전 : 과학과 수학의 기초를 다지는 200가지 단위
이야기 : 수업에서 매일 써먹는 길이・무게・온도・넓이・시간・에너지를 읽
みたい。
②コウ、ズイケイらが書いた台灣海濱植物圖鑑を読みたい。
③ Р.Г. Фахрутдинов, Р.Р. Фахрутдинов の История татарского народа を読み
たい。

④คลงคำ を読みたい。タイトル以外で知っているのは、จดทำโดย นววรรณ พนธเมธาอมรนทร 2544 [2001] พมพครงแรก โครงการพจนานกรมในเครอ อมรนทร である。

⑤2012年に出たと思うのだが ინგლისურ-ქართული & ქართულ-ინგლისური თანამედროვე ჯიბის ლექსიკონი を読みたい。

注

(1) 「OCLC」、前掲『図書館情報学用語辞典 第5版』、「JapanKnowledge」(https://japanknowledge.com)〔2024年3月3日アクセス〕

(2) 黒澤浩／佐藤宗子／砂田弘／中多泰子／広瀬恒子／宮川健郎編『新・こどもの本と読書の事典』ポプラ社、2004年

(3) 『独和大辞典 第2版』小学館、1997年

(4) 日外アソシエーツ編『海外小説〈非英語圏〉原題邦題事典』日外アソシエーツ、2015年

(5) 日外アソシエーツ編『翻訳小説全情報』日外アソシエーツ、1994年—

(6) ピーター・ロビンスン『エミリーの不在』上・下、野の水生訳（講談社文庫）、講談社、2006年

(7) ピーター・ロビンスン『余波』上・下、野の水生訳（講談社文庫）、講談社、2009年

(8) ピーター・ロビンスン『渇いた季節』野の水生訳（講談社文庫）、講談社、2004年

(9) ピーター・ロビンスン『誰もが戻れない』幸田敦子訳（講談社文庫）、講談社、2001年

第11回

雑誌と雑誌記事を探す

第1章
調査の基本

1　公立図書館と大学図書館の違い

　雑誌の種類については、前掲『事例で学ぶ図書館情報資源概論』第2回「印刷資料の類型と特質」の第2章「雑誌の種類」で解説しているので参照してほしい。雑誌と雑誌記事に関して受ける一般的なレファレンスは、公立図書館では商業雑誌、大学図書館では学術雑誌が多い。しかし、『事例で学ぶ図書館サービス概論』の第7回「課題解決型支援サービス」で取り上げたビジネス支援などをおこなう公立図書館では、学術雑誌や特定分野の専門的な雑誌に関するレファレンスを受けることがある。また、公立図書館では和雑誌、大学図書館では洋雑誌についてのレファレンスが多い傾向にある。

　公立図書館でレファレンスが多い商業雑誌は、休刊や廃刊になることが多い。例えば、ある雑誌の最新号が読みたくて図書館に来てみると古いものしかなく、来館者はカウンターにいる図書館員に「「日経 Linux」の新しいのがないけど」などと尋ねる。図書館員は「この雑誌は現在休刊になっています」というように回答する。

2　TRC の雑誌 MARC

　雑誌と雑誌記事についての調査は、書誌データいわゆる MARC（機械可読目録）が、図書ほど精度が高くないために難しい。これは、雑誌は図書とは違って各図書館ごとに現場の図書館員が書誌データを作ることが多いという事情が関係している。誤入力ももちろん起きやすいが、問題はそれだけで

はない。図書館で雑誌を受け入れるときは、親書誌（おやしょし）と子書誌（こしょし）という2種類のデータを作る。雑誌タイトル、出版社、大きさなどは基本的にはずっと変わらないため、最初に書誌を作成してしまえば新しい号が出てもそのまま使える。これを親書誌という。巻数・号数、出版年月日は号ごとに違うので、個別に作成する。これを子書誌という。雑誌が図書館に納品されると、図書館員は該当する雑誌の親書誌に関連づけて巻数・号数、出版年月日を入力して子書誌を作成する。しかし、このときに子書誌に入力する情報は、図書館によって異なることがある。例えば合併号や特別号などの場合、その情報を入力する図書館と入力しない図書館がある。特集のタイトルや目次の情報も同じである。入力すれば検索したときにヒットするが、入力しなければヒットしない。こうした入力のルールは図書館によって違うので、自館にはない雑誌について調べる際には困難が生じやすい。入力の仕方によって検索してもヒットしないことがあるため、探すのに時間がかかるのである。

　そこでTRC（図書館流通センター）では、2008年4月から雑誌MARCを作成して提供している。表11-1は、このTRCの雑誌MARCを利用している図書館の一部を示している（2023年12月時点）。練馬区や新宿区などの自治体の規模が大きい図書館が採用している傾向がみられる。WebOPACで検索すると、雑誌の特集タイトルや目次などがヒットする。TRCの雑誌MARCは、23年4月1日時点で438タイトルの雑誌についての目次情報を網羅している。表11-2は、雑誌MARCに08年4月以降の目次情報がある雑誌の一部を示したものである。「週刊新潮」（新潮社）や「週刊文春」（文藝春秋）など、よく知られている雑誌については目次情報を収録している。目次情報があると雑誌記事検索をおこなううえで便利である。

3　所蔵調査の基本的な流れ

　図11-1は、雑誌の所蔵調査の基本的な流れを示したものである。まずOPACで検索するが、それ以前の段階として自館で所蔵しているのはどの雑誌かはある程度覚えておいたほうがいい。筆者が東京都内の図書館に勤務していたときは、平均して230タイトルの雑誌を購入していた。自治体内に複数の図書館がある場合、他館も含む全体の雑誌のリストまたは雑誌目録が

表11-1　TRC 雑誌 MARC を利用している図書館の一部（筆者作成）

番号	区分	図書館	番号	区分	図書館
1	都道府県立	東京都立中央図書館	24	市立	市川市立中央図書館
2		石川県立図書館	25		西東京市中央図書館
3		岡山県立図書館	26		三鷹市立三鷹図書館
4		島根県立図書館	27		藤沢市総合市民図書館
5		徳島県立図書館	28		魚津市立図書館
6		オーテピア高知図書館	29		安曇野市図書館
7		沖縄県立図書館	30		塩尻市立図書館
8	区立	葛飾区立中央図書館	31		上田市立上田図書館
9		足立区立中央図書館	32		松本市中央図書館
10		練馬区立光が丘図書館	33		静岡市立図書館
11		荒川区立中央図書館	34		一宮市立図書館
12		豊島区立中央図書館	35		岡崎市立中央図書館
13		杉並区立中央図書館	36		西尾市立図書館
14		目黒区立八雲中央図書館	37		奈良市立図書館
15		江東区立江東図書館	38		大阪市立中央図書館
16		墨田区立ひきふね図書館	39		瀬戸内市民図書館
17		文京区立真砂中央図書館	40		伊万里市民図書館
18		新宿区立中央図書館	41		佐賀市立図書館
19		千代田区立千代田図書館	42		佐世保市立図書館
20	市立	高崎市立中央図書館	43		諫早市立諫早図書館
21		和光市図書館	44		南島原市図書館
22		戸田市立図書館	45	町立	西原町立図書館
23		白井市立図書館			

作成されているので、それをたまに見るようにすれば、隣の図書館ではどの雑誌を所蔵しているのかを覚えることができる。そのうえで、自館のOPACで検索すると調査の時間を短縮することができる。OPACで探しても所蔵が見つからない場合、その雑誌は会員限定販売であるため市販されていないこと、雑誌のタイトルが変更になっていることなどが考えられる。その場合は、出版社やインターネット上の書店サイトで確認する。

　あとの作業は、基本的には図書の所蔵調査と同じだが、雑誌の場合、ある号だけが汚損や破損などで除籍して欠号になっていることもある。そうした場合、隣接自治体の図書館で所蔵していないかWebOPACを使って検索する。隣接自治体でも所蔵していなければ、都道府県立図書館が作成している

雑誌のリストまたは目録を検索して、都道府県内の図書館でその雑誌を所蔵しているところがないかを確認する。

都道府県内の図書館でも所蔵がなければ、「ゆにかねっと」を用いて他都道府県で自館に近い図書館の所蔵の有無を調べ、それでも見つからなければ国立国会図書館の所蔵検索、さらに「CiNii Research」での大学図書館の所蔵検索へと調査を進める。雑誌の場合、図書館によっては雑誌扱いではなく図書扱いで

表11-2　2008年4月以降の目次情報がある雑誌の一部（筆者作成）

番号	書名	出版者
1	週刊新潮	新潮社
2	週刊文春	文藝春秋
3	週刊現代	講談社
4	週刊ダイヤモンド	ダイヤモンド社
5	週刊東洋経済	東洋経済新報社
6	週刊ポスト	小学館
7	週刊エコノミスト	毎日新聞出版
8	サンデー毎日	
9	週刊ベースボール	ベースボール・マガジン社
10	週刊プロレス	
11	週刊金曜日	金曜日
12	AERA	朝日新聞出版
13	Newsweek	CCCメディアハウス
14	週刊ファミ通	KADOKAWA Game Linkage
15	音楽の友	音楽之友社

登録していることがある。それはどういう場合かというと、一つは高額な雑誌なので廃棄しないために図書扱いにするケースと、もう一つは長期保存するために何冊かまとめて合冊製本するケースである。前者の例としては、筆者が東京都新宿区立角筈図書館で勤務していたとき、矢野経済研究所の「ヤノニュース」を購入していたが、月1回発刊の雑誌で税別で年間72,000円と高額だったことから、雑誌ではなく図書扱いにしていた。そのため、雑誌のリストや目録には掲載しなかった。後者の例としては、同じ雑誌ではあるが、長期保存するためにバックナンバーは合冊製本していたので、バックナンバーについては図書扱いにしていた。

現在はまだ少ないが、今後は商業雑誌も紙ではなくデジタル版しかないものが増える可能性がある。図書館のレファレンスはそうした事態にも対応していかなくてはならない。

4　雑誌記事調査の基本的な流れ

雑誌記事の調査で重要なのは、来館者が何をどの程度知りたいのかを詳しく把握することである。来館者が自分の読みたい記事が掲載されている雑誌

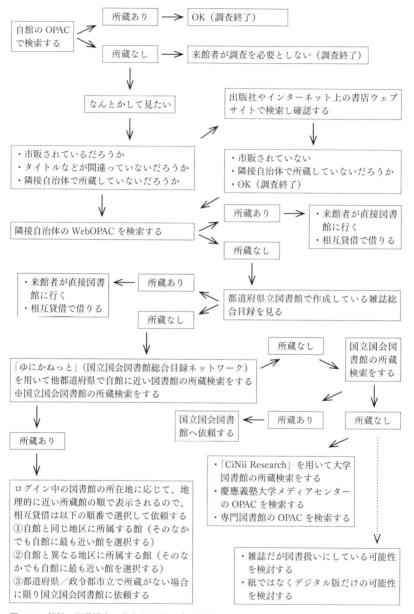

図11-1 雑誌の所蔵調査の基本的な流れ（筆者作成）

名を知っている場合もあれば、知らずに漠然と尋ねる場合もある。前者については、例えば、「「BRUTUS」に映像ディレクターの大根仁の本棚が紹介されていたと思うのでそれを読みたい」と言われたとする。この場合は、雑誌名は「BRUTUS」（マガジンハウス）とわかっているのでTRCの雑誌MARCが使えるなら、それを使って検索する。OPACに大根仁と入力すると「BRUTUS」の「2024-1/1 2024-1/15合併号、第45巻第1号、通巻No.999」に「特集 理想の本棚。——WE LOVE BOOKS」が出てくる。現物を雑誌架で確認して、来館者に提供するという手順になる。TRCの雑誌MARCを利用していない図書館の場合は、雑誌「BRUTUS」のウェブサイトを見て該当する記事があるかを確認して、雑誌架で現物を探す。

　後者の場合は例えば、「線状降水帯についての記事を読みたい」と言われたとする。このとき、来館者が知りたいのは線状降水帯の発生の仕組みなのか、線状降水帯による具体的な被害についてなのか、聞き取りをしてから調査を始める。

第2章
調査に使用できる情報資源

1　インターネット情報源

「国立国会図書館サーチ」と「CiNii Research」で雑誌の書誌情報を得ることができる。以下に示すのは、これらの2つ以外でよく用いるサイトである。

①「Fujisan.co.jp」（https://www.fujisan.co.jp）
　雑誌のオンライン書店。一部の雑誌は最新号の試し読みができる。

②東京都立図書館「区市町村立図書館新聞雑誌総合目録」（https://magazine.metro.tokyo.lg.jp/catalogs）
　東京都内の市区町村立図書館が所蔵している雑誌の検索ができる。

③「Google Scholar」（http://scholar.google.co.jp）

「Google」が無料で提供している論文検索サービスで、本文を読むことができる場合もある。

2 商用（有料）データベース

①「MagazinePlus」（https://www.nichigai.co.jp/database/mag-plus.html）
　雑誌・論文情報のデータベース。国立国会図書館の「雑誌記事索引」ではカバーしきれない学会年報・論文集や一般誌、地方史誌などの情報を多数網羅している。明治期から現在までの情報を一括して検索することができる。

②「ざっさく プラス」（https://zassaku-plus.com/service/login?return_url=https%3A%2F%2Fzassaku-plus.com%2F）
　雑誌記事索引のデータベースで、日本（戦前の日本支配地域なども対象）で発行された日本語の雑誌記事の書誌データを検索することができる。明治初期から現在までの、総合雑誌などの全国誌から地方で発行された雑誌までも網羅している。

③「Web OYA-bunko」（https://www.oya-bunko.or.jp/web_oyabunko/tabid/73/Default.aspx）
　大宅壮一文庫が収集した『大宅壮一文庫雑誌記事索引総目録』のデータベース版。明治時代から最新のものまで、742万件（2024年時点）の雑誌記事のインデックスを収録している。

④「日経 BP 記事検索サービス（公共図書館版）」（https://bizboard.nikkeibp.co.jp/library/）
　「日経ビジネス」「日経トレンディ」「日経コンピュータ」（日経 BP）などの雑誌記事を検索できるデータベース。テキストデータまたは PDF で記事を読むことができる。

3 紙媒体の情報源

①日外アソシエーツ編『雑誌名変遷総覧 2001 − 2015 Ⅰ 人文・社会編』日外

アソシエーツ、2016年

　2001年から15年に誌名変更・合併・分離した雑誌・紀要類の変遷の状況を一覧できる目録。人文・社会分野の雑誌群をグループ化し、4,841グループ・1万3,368誌の情報を収録。変遷誌名からも引ける索引も掲載している。

②日外アソシエーツ編『雑誌名変遷総覧 2001−2015 II 科学・技術編』日外アソシエーツ、2016年

　2001年から15年に誌名変更・合併・分離した雑誌・紀要類の変遷の状況を一覧できる目録。科学・技術分野の雑誌群をグループ化し、3,377グループ・9,783誌の情報を収録。変遷誌名からも引ける索引も掲載している。

③メディア・リサーチ・センター編『雑誌新聞総かたろぐ 2019年版』メディア・リサーチ・センター、2019年

　日本で刊行されている逐次刊行物の情報を1万6,541点、発行社（者）1万564社にわたり収録。ジャンル別にタイトル、創刊年月日、刊期、定価、販売・配付方法、奥付発行日・発行発売日、発行社連絡先、内容などのデータを掲載している。2019年版を最後に休刊。

④柴田志帆編著『全国タウン誌総覧——地域情報誌・ミニコミ・フリーペーパー・8700誌』皓星社、2022年

　日本国内で作られたタウン誌8,715点の書誌情報を収録している。

⑤『月刊メディア・データ 業界・専門版（雑誌編）』ビルコム

　書店では買えない専門家や業者向けの雑誌の情報を中心に収録。創刊、休刊・廃刊、誌名改題などの情報も掲載している。

第3章
事例

　雑誌関連のレファレンスの実例を2件紹介しよう。

①問い合わせ：35年くらい前に徳間書店から出ていた「中国」という雑誌

のバックナンバーの合本が見たい。

対応：東京都立図書館「区市町村立図書館新聞雑誌総合目録」で検索すると、府中市立中央図書館に所蔵があったが合本ではなかった。来館者に伝えたところ、合本ではなくてもいいので読みたいということなので、取り寄せることにした。

②問い合わせ：返却した雑誌「Tarzan」の前の号（おそらくこのあたりの号でその特集があったはず）がサプリの特集だったら、予約して借りたい。前号（2012年12月13日号）は貸出中。

対応：TRC の雑誌 MARC で調べたところ、「「Tarzan」2012－12/13第27巻第23号通巻 No.616、【特集】効かせたい人のための最新サプリメント」という書誌データが見つかった。つまり、2012年12月13日号が来館者が読みたい号だと確認できた。この号は貸出中だったので予約してもらった。

第4章
演習1

　都道府県立図書館以外の自治体図書館（区市町村立図書館）を任意で選び、その図書館の WebOPAC を立ち上げる。あなたがその図書館の図書館員としてカウンターにいて来館者から問い合わせを受けたという前提で、調査をしなさい。所蔵している図書館は1館見つければいい。耳で聞いたと仮定しているため、あえて質問の内容をカタカナ表記にしている。

①「ビーパル」の最新号を読みたい。

②「ニッケイヘルス」の最新号を読みたい。

③ハヤカワショボウから出ている「エスエフマガジン」を読みたい。

④ロータスニジュウイチから出ている「ティーアンドエーマスター」を読みたい。

⑤スペースシャワーネットワークから出ている「アイスクリーム」を読みたい。

第5章
演習2

　あなたが区市町村立図書館の図書館員として勤務していると仮定して、来館者に質問されたという前提で、以下の調査をしなさい。

①以前、「母の友」に丸山清人が出ていて絵が掲載されていたような気がする。該当するその雑誌を読みたい。可能であれば、何ページから載っているのかも知りたい。

②「Tarzan」に「40代が太る　痩せられないのは理由がある」という見出しの特集があったような気がする。その雑誌を読みたい。

③2019年から23年のコロナ禍の間に出たもので、日本国内の別荘について取り上げている雑誌を教えてほしい。商業雑誌でも学術雑誌でもかまわない。

④日本医師会が出している雑誌に「AYA世代のがんサバイバーの妊娠・分娩」という論文が載っている。これを読みたいが、どうすれば読むことができるか。

⑤佐久間弘展『若者職人の社会と文化』の書評を誰かが歴史学の雑誌に書いていたと思う。雑誌の正式な名前と何年何月号の何ページに載っているのか、それは取り寄せて読むことができるのかを、教えてほしい。

第12回

新聞と新聞記事を探す

第1章
調査の基本

1　新聞の種類

　新聞は配布地域や内容、読者対象などによって、さまざまな種類に分類される。表12-1は新聞の種類を示したものである。全国紙は、日本全国向けの新聞で、「朝日新聞」「読売新聞」「毎日新聞」などが該当する。ブロック紙は、複数の都府県で発行される新聞で、例えば、「中国新聞」は広島県、山口県、島根県、岡山県、鳥取県を対象にしている。地方紙・県紙は特定の県で発行される新聞である。専門紙・業界紙は、特定の産業や業界に特化した記事を掲載している。子ども新聞は全国紙が小・中・高生向けに発行している新聞で、漢字に振り仮名が振られていたり、子どもが関心をもちそうな記事が掲載されていたりするといった特徴がある。点字新聞は、日本では毎日新聞社だけが発行している。「点字毎日」は、点字による週刊の新聞であり、2022年に創刊100年を迎えた。新聞社が発行する点字新聞として長い歴史をもつ。

2　新聞の所蔵調査の基本的な流れ

　図書館が所蔵する図書や雑誌はどれも図書館名を印刷したバーコードを貼付して図書館システムに登録しているので、OPACで検索すれば所蔵調査は容易にできる。しかし、新聞は図書や雑誌と違って、図書館システムに登録していないことが多いため、各図書館が独自に作成している新聞目録を見て所蔵の有無を確認するしかない。ただ、図書館の規模によって所蔵する新

120

表12-1　新聞の種類（筆者作成）

種類	新聞名
全国紙	読売新聞、朝日新聞、毎日新聞、日本経済新聞、産経新聞
ブロック紙	北海道新聞、河北新報、中日新聞、東京新聞、中国新聞、西日本新聞
地方紙・県紙	埼玉新聞、千葉日報、山梨日日新聞など
専門紙・業界紙	日本証券新聞、日本農業新聞、スポーツ報知など
子ども新聞	朝日小学生新聞、朝日中高生新聞、毎日小学生新聞、読売 KODOMO 新聞、読売中高生新聞
点字新聞	点字毎日

聞のタイトル数には多寡があるものの、10タイトル程度の所蔵だったら目録を確かめなくても覚えているだろう。

　筆者が以前勤務していた東京都新宿区立角筈図書館では専門紙・業界紙を積極的に収集していて、当時は専門紙・業界紙だけで400タイトル所蔵していた。例えば、利用者から電話で「お宅の図書館はたくさん新聞をもっているがBCNはあるか」と聞かれたとき、担当者だったら「ある」と即答できるのだが、これだけタイトル数が多いと、担当者でない場合、新聞目録を開いて確認しないとあるかどうかが回答できない。

　新聞の調査をおこなう際には、新聞の形態に注意するといい。所蔵している新聞の形態は、原紙、1カ月分の新聞記事を縮刷して掲載している縮刷版、マイクロフィルム、新聞記事が検索できるデータベースなどさまざまである。原紙とは普通の紙の新聞のことだが、これは図書館の規模にもよるが3カ月から6カ月で廃棄して、縮刷版を購入することが多い。

　図12-1は、新聞の所蔵調査の基本的な流れを示したものである。来館者からある特定の新聞の所蔵について尋ねられ、それが自館にない場合は、新聞社のサイトやインターネットで検索して、市販されているものなのかを確認する。形態は新聞だが実は機関紙で市販されていないものだったり、すでに刊行が終了しているものだったりすることがある。市販されている新聞なら、ビジネス支援サービスのような特定のサービスに力を入れている隣接自治体の図書館であれば、その新聞を所蔵している可能性があるので、公開されている新聞目録を確認する。

　所蔵先が見つかったら来館者にそのことを伝える。ただし、新聞は図書や雑誌と違って相互貸借していないので、ほかの図書館から取り寄せることはできない。したがって、来館者には所蔵している図書館に行ってもらうよう

第1章　調査の基本　　121

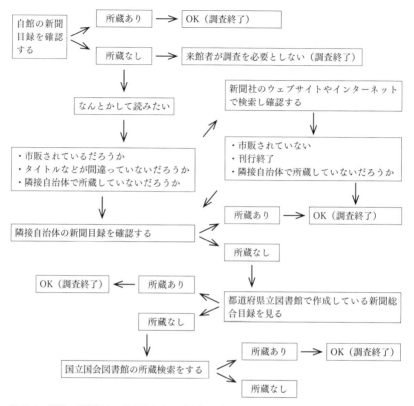

図12-1　新聞の所蔵調査の基本的な流れ（筆者作成）

案内することになる。隣接自治体に所蔵がなければ、都道府県立図書館が作成している新聞総合目録で調べる。それでも見つからなければ、「国立国会図書館サーチ」に新聞名を入力して検索する。所蔵があることが確認できた場合でも「製本中」と表示されていたら、国立国会図書館に行ってもその号は読めない場合があるので案内する際に注意しなければならない。また、国立国会図書館は資料保存のためにマイクロフィルムにしていることが多いので、紙の状態で見ることはできないかもしれない。

3　新聞記事の調査の基本的な流れ

例えば「2000年1月1日付の「読売新聞」を読みたい」とか「大学の推薦入試の書類に補足したいので、自分が出場した県の合唱コンクールについて報じた新聞記事を見つけたい」というように、読みたい新聞の種類、日時、内容がわかっていれば、速やかに調査を開始すればいい。日付や記事の見出しを来館者が覚えてない場合は、調査の手がかりになる事柄をまず聞き取る。また、それは新聞記事でなければいけないのか、新聞記事でなくても雑誌でもいいのか、事実が確認できれば媒体はなんでもいいのかなども確認する。新聞に掲載されていた統計やデータを見たいのであれば、状況にもよるが図書の統計資料やウェブサイトで該当するものを探すこともできる。

　自館で所蔵している新聞の形態は原紙、縮刷版、マイクロフィルム、記事検索ができるデータベースなどさまざまだが、来館者の用途によって案内するものを使い分けるのが望ましい。新聞記事が検索できるデータベースは便利ではあるが、紙面イメージを表示できる場合と、テキストデータしかない場合があるので、後者の場合はそれでもいいかどうかを来館者に確認する必要がある。

　来館者の読みたい新聞記事が最近のもののときは、新聞社のサイト、「Yahoo! JAPAN」などのポータルサイト、「Google」のニュース検索をおこなうことで、回答を提供することができる場合がある。

第2章
調査に使用する情報資源

1　インターネット情報源

①日本新聞協会「メディアリンク」（https://www.pressnet.or.jp/medialink/）
　2024年1月1日現在、122社の新聞協会会員のサイトへのリンクを張っている。どのような新聞社があるのかを知ることができる。

②「日本専門新聞協会」（http://www.senmonshinbun.or.jp）
　2024年現在、81社が加盟している。どのような専門紙があるのかを知ることができる。

第2章　調査に使用する情報資源　　123

③「47NEWS」（https://www.47news.jp）
　全国47都道府県・52参加新聞社と共同通信が配信する国内外のニュース
を読むことができる。

④東京都立図書館「区市町村立図書館新聞雑誌総合目録」（https://magazine.
metro.tokyo.lg.jp/catalogs）
　東京都内の区市町村立図書館が所蔵している新聞の書誌情報が検索でき
る。

⑤東京都新宿区立角筈図書館「業界紙・専門紙」（https://www.library.shin
juku.tokyo.jp/newspaper/journal.html）
　新宿区立角筈図書館で所蔵している業界紙・専門紙のリストである。

⑥「新聞記事文庫」（https://da.lib.kobe-u.ac.jp/da/np/）
「新聞記事文庫」は、神戸大学経済経営研究所が作成した明治末から1970
年までの新聞切り抜き資料で、「新聞切抜文庫」とも呼ばれている。このサ
イトでは、特に希少な45年までの記事約38万件を対象にデジタル化を進め
ていて、著作権処理が完了したものから本文を公開している。画像データ
は、拡大や縮小することができる。

2　商用（有料）データベース

①「ヨミダス」（https://database.yomiuri.co.jp/about/rekishikan）
　1874年の創刊号から前日付までの「読売新聞」の記事検索・閲覧ができ
る。内容は、①1874年から1989年までの「読売新聞」の紙面画像「明治・
大正・昭和」、②86年9月からの「読売新聞」の記事テキスト「平成・令
和」、③89年9月からの英字新聞の記事テキスト「The Japan News」、④「現
代人名録」で構成される。また、2003年10月以降の「読売新聞」の記事
は、切り抜き紙面で見ることもできる。

②「朝日新聞クロスサーチ・フォーライブラリー」（https://www.asahi.com/
information/db/2forl.html）

124

1879年の「朝日新聞」の創刊号から現在までの新聞記事・広告検索が可能。オプションで全国の地域面（おおむね1935—99年）、戦前の外地版、人物データベース、歴史写真アーカイブ、「アサヒグラフ」、英文ニュースも利用できる。

③「毎索（マイサク）」（https://mainichi.jp/contents/edu/maisaku/）
1872年の創刊号から直近までの「毎日新聞」の記事検索ができる。また、毎日新聞社が戦後実施してきた世論調査の結果を検索できる「毎日ヨロンサーチ」、ジャンル・年代ごとに20世紀の大事件を年表形式で閲覧できる「20世紀 2001大事件」、経済誌「週刊エコノミスト」の記事テキストのデータベースも収録している。

④「日経テレコン」（https://telecom.nikkei.co.jp）
1975年4月以降の「日本経済新聞」各紙の記事検索だけではなく、「日経速報ニュース」、プレスリリース、「日経会社プロフィル」、企業決算なども検索できる。

⑤「産経新聞データベース」（https://id.sankei.com/database/）
1992年9月以降の「産経新聞」の記事が検索できる。

⑥「中日新聞・東京新聞記事データベース」（https://www.chunichi.co.jp/info/database/educate）
1987年4月1日の「中日新聞」最終版（12版市民版・愛知県名古屋市内）以降の記事を検索することができる。「中日新聞」が発行する中部7県の地方版の記事と、「東京新聞」が発行する1都7県の地方版の記事のほぼすべてを収録している。2010年4月収録分からは、見出し・写真・図がついた「切り抜きイメージ」も閲覧できる。

⑦「西日本新聞データベース」（https://t21.nikkei.co.jp/g3/CMN0F11.do/nishinippon）
1989年1月から前日までの「西日本新聞」朝夕刊の最終版と九州各県の地方版および編集特集の記事が検索できる。ただし、89年から97年までは主

第2章 調査に使用する情報資源 125

要記事だけを収録している。

⑧「G-Search データベースサービス」（https://db.g-search.or.jp）

　帝国データバンク、東京商工リサーチ、東京経済、信用交換所などの専門調査会社が提供する企業情報を横断検索で一括して検索することができる。全国145万社以上の企業情報を調べることができる。また、全国紙、地方紙、専門紙、経済誌、雑誌など最大約150紙誌について、25年以上前の記事も横断検索ができる。従量制料金設定をしているため、利用する来館者から料金を徴収する場合がある。

⑨「ELDB アカデミック」（https://www.elnet.co.jp/service/academic/）

　新聞約100紙・雑誌約150誌、ウェブニュース約1,500サイトから年間100万件以上の記事を採録。横断的・網羅的に一括で検索できる。新聞・雑誌の掲載記事は紙面のイメージのものを閲覧できる。

3　紙媒体の情報源

①メディア・リサーチ・センター編『雑誌新聞総かたろぐ 2019年版』メディア・リサーチ・センター、2019年

　日本で発行されている逐次刊行物の情報を1万6,541点、発行社（者）1万564社にわたり収録。ジャンル別にタイトル、創刊年月日、刊期、定価、販売・配付方法、奥付発行日・発行発売日、発行社の連絡先、内容などのデータを紹介している。2019年版を最後に休刊。

②吉井潤『仕事に役立つ専門紙・業界紙』青弓社、2017年

　約400の専門紙・業界紙について、ビジネス、起業、就職活動に役立つ情報を得るための読み方をわかりやすくガイド。

③明治ニュース事典編纂委員会／毎日コミュニケーションズ出版部編集製作、内川芳美／松島栄一監修『明治ニュース事典』全9巻、毎日コミュニケーションズ、1983─86年

　明治期に主要な中央・地方紙に掲載された主な記事をほぼ原文のまま、テ

ーマごとに年月日順に掲載（テーマは五十音順）。事項別、見出し別、年次別、分類別、写真・新聞・雑誌・広告・資料篇の各索引がある。

④大正ニュース事典編纂委員会／毎日コミュニケーションズ出版事業部編、内川芳美／松島栄一監修『大正ニュース事典』全8巻、毎日コミュニケーションズ、1986—89年
　大正期に主要な中央・地方紙に掲載された主な記事をほぼ原文のまま、テーマごとに年月日順に掲載している（テーマは五十音順）。事項別、見出し別、年次別、分類別、写真・新聞・雑誌・広告・資料篇の各索引がある。

⑤昭和ニュース事典編纂委員会／毎日コミュニケーションズ編集製作、内川芳美／松尾尊兊監修『昭和ニュース事典』全9巻、毎日コミュニケーションズ、1990—94年
　昭和期に主要な中央・地方紙に掲載された主な記事をほぼ原文のまま、テーマごとに年月日順に掲載している（テーマは五十音順）。事項別、見出し別、年次別、分類別、写真・新聞・雑誌・広告・資料篇の各索引がある。

⑥羽島知之編『「号外」明治史』全3巻、大空社、1997年
　1868年から1912年までに発行された全国の新聞の重要な出来事についての号外を復刻し、発行日順に収録。西南戦争、日清・日露戦争勃発などを報じた1,500点の号外を収めている。

⑦羽島知之編『「号外」大正史 1912－1926』大空社、1997年
　東京・神田の大火、全欧大陸戦争、青島陥落、米騒動、原敬首相暗殺、関東大震災など、大正時代の大事件や大事故について、大正時代に発行された号外約600点を収録している。

⑧羽島知之編『「号外」昭和史』全3巻、大空社、1996—97年
　昭和に改元された日（1926年12月25日）から1935年12月までの10年間に発行された全国の新聞社の重要な出来事についての号外を収録している。

⑨『月刊メディア・データ 業界・専門版（新聞編）』ビルコム

第2章　調査に使用する情報資源　　127

専門家や業者向けに販売されている、書店では買えない新聞を中心に収録。創刊、休刊・廃刊、紙名改題などの情報も掲載している。

第3章
事例

　新聞記事に関するレファレンスの例を2件挙げておこう。

①問い合わせ：昨年（2011年）夏ごろの「朝日新聞」の記事を探している。中国カトリック教会の枢機卿が、バチカンの会議への出席を中国政府に阻止されたという内容。
対応：「朝日新聞」の新聞記事データベース「聞蔵Ⅱ」で、「中国」「カトリック」「バチカン」で検索すると2010年と11年に以下の2件がある。
・「中国が司教任命、バチカンは反発」2010年11月21日付
・「承認得ぬ司教、続々 中国政府公認カトリック団体、バチカンを押し切る」2011年7月15日付
　これらの2件の記事を来館者に紹介したところ、満足してもらえた。

②問い合わせ：長崎県西海市で起きたストーカー殺人事件で、母と妻を殺害された遺族が代理人弁護士を通じて公表した文書の要旨を読みたい。
対応：「朝日新聞」の新聞記事データベース「聞蔵Ⅱ」で「長崎県」「ストーカー」「殺人事件」で検索したところ、以下の記事が見つかった。
・「犯罪被害者の状況、理解を 西海ストーカー殺人、遺族の文書〈要旨〉／長崎県」2012年11月30日付
　この記事に遺族が公表した文書が掲載されていたので、来館者に読んでもらった。

第4章
演習1

　あなたが図書館の事務室にいるときに電話で以下の内容の質問を受けたという前提で、調査をしなさい。所蔵している図書館をそれぞれ1館見つけれ

ばいい。耳で聞いたと仮定しているため、あえて質問内容をカタカナ表記にしている。

①「サンヨウシンブン」はあるか。
②「センケンシンブン」はあるか。
③「ケイメイシンブン」はあるか。
④「ジユウミンシュ」はあるか。
⑤「カイホウシンブン」トウキョウバンはあるか。

第5章
演習2

　自館または最寄りの区市町村図書館でその館が契約している新聞記事データベースなどのインターネットの情報源を用いて、次の①から⑤までの問い合わせの新聞記事を検索しなさい。

①東村山市で路上生活者が少年たちに集団で暴行を受けて死亡したことがあった。きっかけは、少年たちが図書館で騒いでいて注意されたことだったと思う。記憶が曖昧なので新聞記事を読みたい。
②篠崎図書館で、オリンピック出場選手などが薦める本の展示をしているという新聞記事があったと思うので読みたい。
③図書館でおこなわれている「ぬいぐるみのお泊まり会」をモデルにした絵本が出版されたという新聞記事があったと思うので読みたい。
④山口県の第45回県読書感想文コンクールの最優秀賞について報じた新聞記事があったら読みたい。
⑤札幌の銭湯の壁に漫画家が富士山の絵を描いたという新聞記事があったと思うので読みたい。

第13回

視聴覚資料を探す

第1章
調査の基本

1　視聴覚資料の特徴

　公立図書館が来館者に提供している視聴覚資料は主に CD、DVD、ビデオテープ、カセットテープ、レコードである。再生機器が図書館にないという事情のため、CD と DVD しか所蔵していない公立図書館も少なくない。視聴覚資料は、図書や雑誌とは違って調査に時間がかかる場合がある。その背景には、書誌データの問題と職員の視聴覚資料の知識量の問題がある。

　書誌データ、つまり MARC では、例えば、図書の場合は NDC で235と付与されている図書ならフランス史に関するものだとすぐにわかる。この分類の方式は、国内どこの図書館でも共通である。しかし視聴覚資料の場合は、分類の仕方が自治体によってまちまちなのである。例えば、管弦楽曲が千葉県内の図書館ではどのような分類になっているのかを調べると、茂原市立図書館は120、市川市立図書館は A11、我孫子市民図書館は A110になっている。

　視聴覚資料の購入数は図書や雑誌と比べて少ないため、自館で現物を見ながら書誌データを独自に作成している場合もあれば、日本図書館協会MARC、NHK MARC、TRC MARC、Toccata MARC のデータを利用している場合もある。このようにさまざまな MARC が混在しているため、検索してもうまくヒットしないことがある。利用している MARC によっては、例えば CD に収録されている各曲の分数まで細かく情報化している。ちなみに筆者がかつて勤務していた図書館の年間購入数の平均は CD が270枚、DVD が120枚で、それらの書誌データも購入していた。

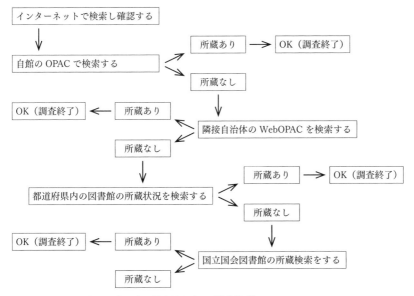

図13-1　視聴覚資料の所蔵調査の基本的な流れ（筆者作成）

書誌データの問題に加えて、図書館員の知識不足の問題もある。概して図書館員は、図書や雑誌と比べて音楽や映画・映像作品については知識が少ないことが多い。特にクラシック音楽についての質問を受けると、基礎知識が少ないため調査に時間がかかってしまうことがある。クラシックの楽譜を所蔵している図書館では、CDの所蔵の有無だけでなく、フルスコア、ボーカルスコア、ミニチュアスコアなど楽譜に関することも尋ねられる。また、落語のCDを所蔵している図書館では落語について尋ねられることがあるが、図書館員に落語の知識がないと調査に時間がかかる。

2　視聴覚資料の所蔵調査の基本的な流れ

図13-1は視聴覚資料所蔵調査の基本的な流れを示している。視聴覚資料は、著作権の問題があるため、図書や雑誌と違って相互貸借で他自治体図書館から取り寄せたり、それを貸し出したりしていないことが多い。そのため、自治体内の図書館で所蔵していないとわかった時点で、それ以上調査しなくていいという来館者がほとんどである。ただし東京などの都市部の場合

は、来館者が行きやすそうな隣接自治体の図書館や国立国会図書館の所蔵状況を調べることはある。

　外国作品の視聴覚資料の調査の際には、名称についての確認を怠ってはならない。例えば、作品の邦題だけでなく原題も調べたほうがいい。邦題は訳した人によって違うことがあるので、原題で検索するほうが見つかる場合がある。時代によって、演奏者などのアーティストのカタカナ表記が違う場合もある。さらに、落語や邦楽などでは日本人名であっても、書誌データの「ヨミ」が間違って入力されていることもあるので、「ヨミ」で検索して見つからない場合は、漢字で入力するとヒットすることもある。

　海外の映像作品を検索する場合、監督名や俳優名の表記に注意すべきである。例えば中国系などの漢字名の場合、日本在住でないかぎり、漢字ではなくカタカナで入力されていることがある。姓・名の順番が逆の場合もあるので検索しても見つからないときは、そうした可能性を疑ってみるといい。具体的には、歴史劇映画『レッドクリフ』で有名な映画監督の呉宇森は、「ジョン・ウー」と入力して検索しないとヒットしないことがある。『少林サッカー』で有名な俳優・映画監督の周星馳も、「チャウ・シンチー」と入力しないとヒットしないことがある。

3　音楽検索のコツ

　音楽作品についてよくある問い合わせに「○○という曲を探している」というものがある。曲名で検索して見つからない場合は、作曲者の全集を探すとうまくいくことがある。例えば「『トッカータとフーガ ニ短調』が入っているCDはあるか」と尋ねられたとする。曲名で検索しても何も出てこなかったが、インターネットで調べるとそれがヨハン・セバスティアン・バッハの作品だとわかった。そこで、「バッハ　全集」というキーワードを入力して検索すると、1987年にポリドールから発売された『オルガン作品全集』という12枚組みのCDがヒットした。そのCDの詳細情報をみると、1枚目のCDの1曲目に「トッカータとフーガ ニ短調 BWV565」が収録されていたので、これを来館者に案内した。

　このように、キーワードを使って検索すると検索漏れを防ぐことができる。ただし、キーワードによっては検索結果数が多すぎて、絞り込むのが大

変になることがある。絞り込みのコツとして、作曲者だけでなく演奏者名も
キーワードに加えるやり方がある。また、クラシック音楽の場合は、作品番
号を用いて検索すると、早く確実に見つけることができる。作品番号とは、
作曲家が楽曲に付与する連番号のことである。英語圏では「Op.」、ドイツ
語、フランス語圏などでは「op.」と略されることが多い。ただし、すべて
の作曲家の作品が作品番号をもつわけではない。ルートヴィヒ・ヴァン・ベ
ートーヴェンやヨハネス・ブラームスの作品は作品番号をもっているが、ジ
ュゼッペ・ヴェルディやグスタフ・マーラーのものはもっていない。先ほど
例に挙げたバッハは、本人が付けた作品番号ではなく、バッハの作品目録を
作成したヴォルフガング・シュミーダーが付与した番号がバッハ作品番号と
して知られていて、「BWV○○」という形式で示される。『トッカータとフ
ーガ ニ短調』の作品番号を調べると「BWV565」なので、「BWV565」と
入力して検索すれば、早く確実に見つけることができる。

　あるキーワードでヒットしなかったら、その同義語を試してみるといいだ
ろう。例えば「シンフォニー」でヒットしなかったら、同義語の「交響曲」
で検索すると見つかる場合がある。また、使用している図書館システムが同
義語に対応しているなら、「シンフォニー　交響曲」をキーワードに入力し
て検索するほうが効率的である。

　演奏者名の頭に英語の定冠詞「The」がついている場合、書誌ではこの
「The」が入力されているかがまちまちなことがあるので、検索漏れを防ぐ
ために「The」がある場合とない場合、両方で検索する必要がある。例え
ば、日本のロックバンド THE ALFEE（ジ・アルフィー）は、2012年に EMI
ミュージック・ジャパンから『Alfee Get Requests!』というタイトルの CD
アルバムを発表している。このアルバムを探す際に「THE ALFEE Get Re-
quests!」と入力すると、ヒットする場合としない場合があるので、「The」
を入れたときとないときとの両方で検索するべきである。アルバム名だけで
なく演奏者名についても「ALFEE」と「The」を入れずに検索すると、ヒ
ットする場合としない場合があるので、両方のパターンで検索するほうがい
い。

　外国の楽曲のとき、原題とカタカタ名の両方で検索すると検索漏れを防ぐ
ことができる。例えば、イギリス出身のロックバンド Queen の有名な曲
「We Will Rock You」は、英語のタイトルで検索した結果と、「ウィ ウィル

第1章　調査の基本　　133

ロック ユー」とカタカナで入力して検索した結果が食い違う場合がある。演奏者名も「Queen」と「クイーン」とで別の結果が出ることがあるので、両方で検索するといい。また、図書館の利用するシステムによっては「We Will Rock You」のスペースが and 検索を意味してしまうことがある。その場合は「WeWillRockYou」とスペースを入れずに入力しなくてはならない。それぞれの図書館システムのルールを、よく確認することである。

第2章
調査に使用する情報資源

　音楽情報と映画情報に関する情報資源を以下に示す。

1　インターネット情報源

①「musipedia」（https://www.musipedia.org）
　曲を特定するための検索エンジン。メロディーしか知らない場合でも、サイト上のバーチャルピアノのキーボードで演奏したり、コンピューターに向かって口笛を吹いたり、キーボードをタップしてリズムを入力したりすることで検索できる。ただし日本語には対応していないので、英語・ドイツ語・フランス語・中国語のいずれかで操作することになる。

②「J-WID」（https://www2.jasrac.or.jp/eJwid/）
　JASRAC（日本音楽著作権協会）が提供し、曲の作詞・作曲者などの権利者情報や著作権の有無、管理状況を調べることができる。

③「歌ネット」（https://www.uta-net.com/）
　J-POP、アニメ、演歌などの歌詞を曲名やアーティスト名で検索できる。曲によっては試聴できる。

④「楽譜ネット」（https://www.gakufu.ne.jp）
　データベースから曲名や作曲者などをキーワードにして楽譜の書誌データを検索できる。

⑤「歴史的音源（れきおん）」（https://rekion.dl.ndl.go.jp）

　1900年初頭から50年ごろまでに国内で製造・録音されたSP盤および金属
原盤などの音楽や演説などをデジタル化した音源のデータベース。落語・長
唄・管弦楽・歌劇・清元・浪花節・歌謡曲・講演・ジャズなどの音源を検索
し、「れきおん」に参加している図書館などで聴くことができる。

⑥「KINENOTE」（http://www.kinenote.com/main/public/home/index.aspx）

　9万作品と33万人の映画人についての情報を収録した日本最大級の映画の
情報データベースである。

⑦「allcinema」（https://www.allcinema.net）

　DVD化した映画の情報データベースで、アニメ、テレビドラマなども検
索できる。

⑧「Internet Movie Database（IMDb）」（https://www.imdb.com）
　海外の映画やテレビ番組などの情報を検索できる。

⑨「アニメ脚本と脚本家のデータベース」（http://animedb.nkac.or.jp）
　アニメの脚本・資料の情報の検索ができる。

2　商用（有料）データベース

「ナクソス・ミュージック・ライブラリー（NML）」（https://ml.naxos.jp）

　クラシック音楽を中心に、1,000以上のレコード会社、約4万人の作曲
家、200万曲以上の音源を収録している、大規模なインターネット音楽ライ
ブラリー。2023年3月時点で、レーベル（レコード会社数）1,078社、クラシ
ックCD15万8,300枚、ジャズCD600枚、民族音楽CD300枚、その他
CD800枚の音源を収録。クラシックについては有名作品をほぼ完全に網羅
していて、さまざまな演奏家の演奏を聴き比べることができる。

3 紙媒体の情報源

①井上和男編『クラシック音楽作品名辞典 第3版』三省堂、2009年

　中世から現代までのクラシック音楽の作曲家1,243人、作品約4万5,200曲の情報を収録。原綴、作曲年、初演年（地）、主要曲、編成、台本などのデータ、作曲家の全体像や作品の歴史的背景の解説を掲載している。

②リンジー・C・ハーンズバーガー『音楽用語・作曲家──エッセンシャル・ディクショナリー』八木澤教司監修、元井夏彦訳、ヤマハミュージックメディア、2021年

　2,000語以上の音楽用語、中世から現代までの440人以上の作曲家についての情報を掲載した包括的な音楽基本事典。音楽理論の一覧、タブ譜やギターの記譜例、さまざまな楽器の音域リストも収録している。

③日外アソシエーツ編『教科書に載った名曲原題邦題事典』日外アソシエーツ、2020年

　1949年から2015年までの小・中学校、高校の音楽教科書に掲載された外国由来の楽曲4,239曲の原題と邦題を収めた事典。クラシックから民族音楽、童謡、唱歌、ポップスまで幅広く収録していて、作曲家と作詞家ごとに掲載された作品を一覧することができる。

④稲田和浩編『落語演目・用語事典』日外アソシエーツ、2021年

　演目（落語タイトル）から落語を調べる演目事典、落語の作品中の難解な言葉を調べる用語事典、キーワード索引で構成している。演目事典には古典・新作・上方落語663席の梗概、解説、主な登場人物、フレーズ（名文句）を掲載。用語事典では寄席用語、作品が生まれた時代の文化や生活に関する言葉（特殊な表現や慣用句も含む）、またそれらの言葉と関連する地名、人名、職業など3,394件を解説している。

⑤スティングレイ／日外アソシエーツ編『伝記映画事典──映画解説とビブリオグラフィ』日外アソシエーツ、2020年

1945年から2020年3月に日本国内で公開された伝記映画と、それらに関連する伝記・自伝の基本情報を収録した事典。人物1,277人、映画1,659本、関連伝記4,440点の情報を掲載している。邦題からも原題からも引ける「映画作品名索引」付き。

第3章
視聴覚資料の調査の事例

　視聴覚資料のレファレンスの例を2件挙げておく。

①問い合わせ：昨年（2022年）のアカデミー賞受賞作品で、耳が聞こえない家族をもつ少女の恋愛を描いた映画のサウンドトラックを聴きたい。たしか2文字か3文字くらいのタイトル。自治体内他館の所蔵でも可。
対応：インターネットの検索サイトで「昨年　アカデミー賞　耳が聞こえない」をキーワードに検索。『コーダ　あいのうた』（監督：シアン・ヘダー）という作品名がヒット。来館者にタイトルを告げると、その作品で間違いないという。OPACで「コーダ　あいのうた」、形態区分（音響）：CDで検索。結果のなかで「コーダ　あいのうた　オリジナルサウンドトラック」が現在館内にあったので、場所を案内した。

②問い合わせ：音楽だけで歌詞がないCDを探している。朝に聴いてリラックスできるようなもの。
対応：検索しても結果を絞りにくそうだったので、CD棚に一緒に行っていくつか見てもらう。来館者は『やすらぎのモーツァルト──音楽療法ベスト』（〔音楽療法ベストseries〕、テイチクエンタテインメント、2014年）、『自立神経に優しいヒーリング──ストレス解消のための音楽』（sugar candy、2015年）、『究極の眠れる音楽シリーズ　快眠セラピー──クラシック』（Relaxin'、2020年）を借りていった。

第4章
演習1

　あなたが区市町村立図書館の図書館員として勤務していると仮定して、事務室にいるときに電話で下記の質問を受けたという前提で、OPAC を立ち上げて図13-1を踏まえて CD の所蔵調査をしなさい。所蔵している図書館はそれぞれ1館見つけられればいい。なお、耳で聞いたと仮定しているため、あえて質問内容をカタカナ表記にしている。

①バーンスタインが指揮しているショスタコーヴィチの「コウキョウキョクダイゴバン」が入っている CD はあるか。
②カラヤンが指揮するチャイコフスキーの「ハクチョウノミズウミ」が入っている CD はあるか。
③フジタマオが演奏している「ピアノソナタダイジュウヨンバン」が入っている CD はあるか。
④クレバの「クレバイイノニ」と「イッサイガッサイ」が入っている CD はあるか。
⑤落語で『ハヤシヤ タイヘイ ラクゴシュウ タイヘイ ラクゴ シバハマ シニガミ ヨロコビヲ ツクル オトコ』という CD はあるか。

第5章
演習2

　あなたが区市町村立図書館の図書館員として勤務していると仮定して、事務室にいるときに電話で下記の質問を受けたという前提で、OPAC を立ち上げて図13-1の手順を踏まえて DVD の所蔵調査をしなさい。所蔵している図書館はそれぞれ1館見つけられればいい。なお、耳で聞いたと仮定しているため、あえて質問内容をカタカナ表記にしている。

①ルイス・マイルストン監督の『ハツカネズミトニンゲン』の DVD はあるか。
②スタンリー・キューブリック監督の『ハカセノイジョウナアイジョウ』の

DVD はあるか。

③ヴィンセント・ミネリ監督の『パリノアメリカジン』の DVD はあるか。

④ジャンヌ・モロー出演の『シケイダイノエレベーター』の DVD はあるか。

⑤サマンサ・エッガー出演の『コレクター』の DVD はあるか。

第14回
言葉について調べる

第1章
言葉の調査の基本

1　言葉の定義

『図書館情報学用語辞典 第5版』では、国語辞書を次のように定義している。

> 主たる利用者層が母国語とする言語の単語や語句を見出しとし、それぞれの語の表記、意義、用法、語源、関連語、用例などを、当該言語を用いて説明した辞書。日本では、『日本国語大辞典』(2000－2002)、『広辞苑』(2018)、『大辞林』(2019) などが該当する。[1]

2　言葉の調査の基本的な流れ

　言葉に関する質問で多いのは、意味、読み方、つづりに関するものである。図14-1は、言葉についての調査の基本的な流れを示したものである。カウンターで言葉について尋ねられたら、カウンターに設置しているパソコンがインターネットにつながらないのであれば、まずは『大辞泉 第二版』[2]や『大辞林 第四版』[3]などの紙の辞書で調べてみるのが基本である。それを手がかりに、図14-1の①②③を使って調べてみる。パソコンがインターネットにつながるのであれば、最初から①「コトバンク」を使う。①の「コトバンク」は、百科事典・辞書・辞典などを一挙に検索することができ、無料で利用できるウェブサイトである。複数の辞書や辞典の説明が表示されるので、そのうちのどれが求める意味に該当するかを判断する。そのためには、

140

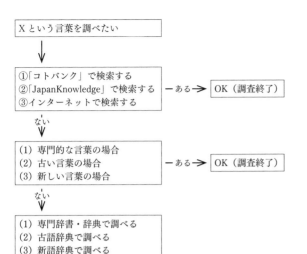

図14-1　言葉の調査の基本的な流れ
(出典：大串夏身『チャート式情報アクセスガイド』〔青弓社、2006年〕95ページをもとに筆者作成)

それぞれの辞書の特徴を知っている必要がある。②の「JapanKnowledge」は、図書館が契約していれば使える。80点以上の辞・事典、叢書、雑誌が検索可能なので便利である。場合によっては、③のインターネットで検索して得た情報をもとに調査を始めるほうが効率的なことがある。以上の調査の結果が来館者の満足を得られることもあるが、そうでない場合は、専門的な言葉のときには専門辞書・辞典、古い言葉のときには古語辞典、新しい言葉のときには新語辞典を用いて、来館者に詳しく聞き取りをしながら調査をさらに進めていく。

　例として「UNRWAとは何の略か知りたい」と言われたとする。「コトバンク」の検索ボックスに「UNRWA」と入力して検索すると、「デジタル大辞泉」「知恵蔵」『プログレッシブ英和中辞典 第5版』『日本大百科全書(ニッポニカ)』「英和用語・用例辞典」『改訂新版 世界大百科事典』などの検索結果が表示される。「デジタル大辞泉」ではUNRWAは、「こくれん‐パレスチナなんみんきゅうさいじぎょうきかん〔‐ナンミンキウサイジゲフキクワン〕【国連パレスチナ難民救済事業機関】⇒ユー‐エヌ‐アール‐ダブリュー‐エー(UNRWA)」と書かれている。そのすぐ下に表示されている「知恵蔵」の解説は、これよりもっと記述が多い。辞書や辞典によって視点

が違うので、来館者が求めている情報がどういったものなのかを確認する必要がある。結果を来館者に伝えて、満足が得られたら調査終了になるが、もう少し詳しく知りたい、またはインターネット上の情報では不足だと言われたら、さらに調査を進めることになる。

第2章
調査に使用する情報資源

1　インターネット情報源

①「手書き漢字認識」（https://kanji.sljfaq.org/drawj.html）
　マウスを使って四角枠のなかに漢字を手書きで入力して検索できる。

②「漢字辞典オンライン」（https://kanji.jitenon.jp）
　漢字の部首・画数・読み方・筆順・意味などを調べることができる。

③「コトバンク」（https://kotobank.jp）
　出版社などが無料で提供する辞書・事典のデータベース。用語の意味を一度に複数の辞書・事典で検索することができる。2023年7月現在、143点の辞書・事典の約294万語を収録している。

④「weblio 辞書」（https://www.weblio.jp）
　672点の専門辞書・国語辞典、外国語辞書、百科事典を一度に検索することができる。

⑤「Web NDL Authorities 国立国会図書館典拠データ検索・提供サービス」（https://id.ndl.go.jp/auth/ndla）
　国立国会図書館が作成している典拠データを検索・ダウンロードできるサービス。典拠データとは資料の検索の手がかりになる著者名やキーワードなどを整理してまとめたデータのことで、個人名、家族名、団体名、地名、著作、統一タイトルの読み方を調べることができる。

142

2 商用（有料）データベース

「JapanKnowledge Lib」（https://japanknowledge.com/library/）

80以上の辞・事典、雑誌記事、叢書などを、一括検索で簡単に調べることができる。『日本大百科全書（ニッポニカ）』『日本国語大辞典 第二版』[11]『字通』[12]『現代用語の基礎知識』『ランダムハウス英和大辞典 第2版』『日本人名大辞典』[13]などの辞事典、「週刊エコノミスト」の記事、「東洋文庫」などの電子ブック、『江戸名所図会』[14]『古事類苑』[15]を収録している。

3 紙媒体の情報源

①新村出編『広辞苑 第7版』岩波書店、2018年

総項目数25万の日本語辞典。各界の第一線で活躍する専門家が、正確かつ簡明に解説している。

②松村明／三省堂編修所編『大辞林 第4版』三省堂、2019年

現代語を中心に古語や百科語も収録する総合的な国語辞典。約25万1,000項目を収載し、現代語には作例を、古語には古典からの引用例を載せる。

③松村明監修、小学館大辞泉編集部編『大辞泉 第2版』小学館、2012年

現代の日本で用いられている語を中心に、古語、専門用語、時事用語、外来語、地名・人名その他の固有名詞など、総項目数25万余を収録する日本語辞典である。

④『新修隠語大辞典』皓星社、2017年

特殊な集団の話し言葉である「隠語」を総合的・網羅的に扱う辞典。警察や検察、税務署などの資料から、雑誌の隠語関係記事までの資料を渉猟し、語釈・文献名などを添えて五十音順に収録している。

⑤小野正弘編『日本語オノマトペ辞典――擬音語・擬態語4500』小学館、2007年

日本語の特徴といわれるオノマトペ（擬音・擬態語）約4,500語を収録。古代から現代までの用例を豊富に紹介し、それぞれの意味・用法について解説している。

⑥NHK放送文化研究所編『NHK日本語発音アクセント新辞典』NHK出版、2016年

NHKが放送現場で使用する最新のアクセントを膨大かつ詳細なデータをもとに収録。見出し語約7万5,000語。使用頻度が高い地名のアクセントや新語も充実している。

⑦白川静／津崎幸博『人名字解』平凡社、2006年

人名用漢字983字について、それらの元の形から成り立ちを示し、字形と意味との関係を解説している。

⑧諸橋轍次著、鎌田正／米山寅太郎修訂『大漢和辞典 修訂第2版』全15巻、大修館書店、1989—90年

親文字5万字、熟語53万語を収録する漢字文化圏共有の百科辞典。著者の名前から、「諸橋大漢和」と呼ぶ人もいる。特定の漢字を探すときには第13巻「索引」に収録してある「字訓索引」（訓読み）を使う。漢字の読み方がわからない場合は部首と画数から探すが、部首が何かを特定するのが難しいときには「総画索引」を使う。音読みしかわからない場合は「字音索引」で探すか、第14巻「語彙索引」を使う。熟語を探すときには「語彙索引」が便利である。これを使って、熟語のなかの一文字からでも該当する熟語を探すことができる。熟語が載っているページの少し前には見出し字を掲載しているが、この見出し字は中国の歴代辞書に記載されているものが中心である。なお、日本で作られた漢字（国字と呼ばれるもの）や、最近の研究で存在が明らかになった異体字などには、この辞典に収録していないものもある。

⑨笹原宏之編『当て字・当て読み漢字表現辞典』三省堂、2010年

「運命（さだめ）」「女性（ひと）」「生命（いのち）」「本気（まじ）」など、普通の辞書には載らない漢字表現を、漫画・歌詞・テレビ・小説などを中心に

収録している。

⑩東京堂出版編集部編『読んで楽しむ当て字・難読語の辞典』東京堂出版、2011年

　国語辞典や漢和辞典では探しにくい、読むのが難しい語や読み誤りやすい語の読み方と簡単な意味、用例を紹介。一般的な語を中心に、日頃目にする漢字で通常とは異なる読み方をする言葉を収録している。

⑪日外アソシエーツ辞書編集部編『音訓引き難読語辞典』日外アソシエーツ、1993年

　2字以上の漢字によって構成された和語のなかから読み誤りやすいものを中心に、1万4,000語の難読語を収録している。

⑫井上辰雄監修、日本難訓難語編集委員会編『日本難訓難語大辞典』遊子館、2007年

　「可坊（べらぼう）」「交睫（まどろみ）」「滑瓢（ぬらりひょん）」「思郷病（ノスタルジア）」ほか、国語辞典や漢和辞典で引きにくい国文学・歴史用語、古文書、当て字などの難訓難語約1万6,000語を収録している。

⑬有賀要延編『難字・異体字典 新装版』国書刊行会、2011年

　仏教書に関する古典籍を中心として、親字4,294字、併載文字1万5,441字、総計1万9,735字を収録している。

第3章
事例

　言葉に関するレファレンスの事例を3件挙げておこう。

①問い合わせ：「総序」の意味が知りたい。読んでいた資料（仏教系）に出てきたが、普通の辞書には載っていなかった。
対応：『字通』『日本国語大辞典』『大漢和辞典』には記載なし。インターネットで検索してみると、「教行信証」（仏教系）という単語が出てきた。

OPACで「教行信証」を検索した結果から、親鸞の経典の名であるかと思われた。『日本思想大系 11 親鸞』に次の記述があった。「教行信証全体の序として「総序」という」。「教行信証」以外では使わない単語の可能性がある。

②問い合わせ：「筒井筒」の意味が知りたい。CD『昭和の歌謡全曲集 Ⅰ〈戦前編〉』（日本クラウン、1993年）の15曲目「湯島の白梅」の歌詞に出てくる。
対応：『広辞苑 第6版』に「筒井：筒のように丸く掘った井戸」、「筒井筒（つついづつ）：筒井にある丸い筒の井桁」とある。また、『日本大百科全書（ニッポニカ）』には、「筒井の筒の意。（略）『伊勢物語』の23段に、幼馴染の男女が「筒井筒（筒井つの）井筒にかけしまろ（私）がたけ　過ぎにけらしな　妹見ざるまに」「くらべこし　振分髪も　肩過ぎぬ　君ならずして　たれかあくべき」の歌を贈答しあう恋物語があるため、幼馴染や幼い男女の恋のたとえとしたりするほか、「いつ」と同音の「いつか」「いつも」にかかる序詞として用いる」とあった。以上を伝えたところ、来館者は、「「湯島の白梅」は恋の歌なので、忘れられない、はかない恋って感じなのかな」と解釈した。

③問い合わせ：「Assalamu Alaikum」という言葉が載っている本が見たい。「こんにちは」という意味らしい。
対応：何語かわからなかったので『世界のことば・出会いの表現辞典』でまず調べた。アラビア語だとわかったので、次に『岩波 イスラーム辞典』の「あいさつ」の項を調べたところ、「アッサラーム・アライクム＝平和あれ、汝らのうえに」という記述があった。ただし、アルファベット表記はない。『ニューエクスプレスアラビア語』26ページにも「アッサラーム・アライクム」の項目があり、アラビア語の下にカタカナ表記があるが、アルファベット表記はなかった。以上の調査結果を来館者に伝えた。

第4章

演習

　主に第2章「調査に使用する情報資源」で紹介した情報資源を用いて、以下の問いに答えなさい。

①「うつぼがし」とはどのような意味か。
②「つんづんころり」とはどのような意味か。
③「天稟」の読み方と意味を知りたい。
④「一飲一啄」の読み方と意味を知りたい。
⑤「嗣」という漢字は、ほかにどのような異体字があるのか知りたい。

注

(1) 「国語辞書」、前掲『図書館情報学用語辞典 第5版』、「JapanKnowledge」（https://
　　japanknowledge.com）［2024年3月3日アクセス］
(2) 小学館『大辞泉』編集部編『大辞泉 第二版』小学館、2012年
(3) 松村明編『大辞林 第四版』三省堂、2019年
(4) 「デジタル大辞泉」小学館
(5) 「知恵蔵」朝日新聞社
(6) 瀬戸賢一／投野由紀夫編『プログレッシブ英和中辞典 第5版』小学館、2012年
(7) 『日本大百科全書（ニッポニカ）』全26巻、小学館、1994年
(8) 菊地義明編「英和用語・用例辞典」
(9) 平凡社編『改訂新版 世界大百科事典』全34巻、平凡社、2007年
(10) 「UNRWA」「コトバンク」（https://kotobank.jp/word/%E5%9B%BD%E9%80%A3
　　%E3%83%91%E3%83%AC%E3%82%B9%E3%83%81%E3%83%8A%E9%9B%A
　　3%E6%B0%91%E6%95%91%E6%B8%88%E4%BA%8B%E6%A5%AD%E6%A9
　　%9F%E9%96%A2-157991#w-500090）［2024年3月3日アクセス］
(11) 日本国語大辞典第二版編集委員会／小学館国語辞典編集部編『日本国語大辞典 第二
　　版』全13巻・別巻1、小学館、2000—02年
(12) 白川静『字通』平凡社、1996年
(13) 上田正昭／西澤潤一／平山郁夫／三浦朱門監修『日本人名大辞典』講談社、2001年
(14) 斎藤長秋編、長谷川雪旦画『江戸名所図会』全7巻。なお、「JapanKnowledge」は鈴
　　木章生監修・編集・解説『江戸名所図会』（〔ゆまに書房学術電子図書館〕、ゆまに
　　書房、2000年）、市古夏生／鈴木健一校訂『新訂 江戸名所図会』（全6巻〔ちくま
　　学芸文庫〕、筑摩書房、1996—97年）を底本にしている。
(15) 『古事類苑』全1,000巻、1896—1914年

第4章　演習　147

（16）星野元豊／石田充之／家永三郎『日本思想大系 11 親鸞』岩波書店、1971年
（17）新村出編『広辞苑 第6版』岩波書店、2009年
（18）『日本大百科全書（ニッポニカ）』第10巻、小学館、1994年
（19）石井米雄／千野栄一編『世界のことば・出会いの表現辞典』三省堂、2004年
（20）大塚和夫／小杉泰／小松久男／東長靖／羽田正／山内昌之編『岩波 イスラーム辞典』岩波書店、2002年
（21）竹田敏之『ニューエクスプレスアラビア語』白水社、2010年

第15回
事実について調べる

第1章
調査の基本

1　言葉の定義

『図書館情報学用語辞典 第5版』では、便覧を次のように定義している。

> 特定領域の知識をまとめ、実務的な利用を目的として解説したレファレンスブック。タイトルの中では、「便覧」「ハンドブック」のほか、「必携」「手引」「マニュアル」などが用いられている。分野によって内容や形式は千差万別で、標準的な記述の形式があるわけではない。例えば理工学分野では、図表や公式を含んだ体系的なものが多い。一方、育児、冠婚葬祭など日常生活を扱ったものもある。共通しているのは、実務に役立つことを目的としていることであり、目的とする「実務」の程度によって、同じ分野でも内容が異なっている。「びんらん」とも読む。[1]

『図書館情報学用語辞典 第5版』では、図鑑を次のように定義している。

> 編集方針に基づいて特定の主題や分野の事物や生物を選択し、その名称を見出しとして系統的に排列し、それぞれの形態、構造、色彩などの情報が視覚的に理解できるように、絵や写真、図表などを主体に編集したレファレンスブック。文章だけでは理解しにくい主題や分野について、簡潔な解説とともに具体的な絵や写真で説明することを目的としている。また、項目間の参照のため、例えば生物図鑑などでは、分類順排列に対し、和名索引、学名索引、欧名索引などが付されている。[2]

第1章　調査の基本　　149

『図書館情報学用語辞典 第5版』では、年鑑を次のように定義している。

> 過去1年間に生じた変化を簡潔に記述し、統計や名簿などを添え、特有の形式で掲載する年刊の逐次刊行物で、レファレンスブックの一種。以下のような種類がある。〈1〉総合年鑑：その国を中心として政治、経済、産業、社会文化全般を扱う。同様に都道府県別に各地方を扱う「地方年鑑」や海外全般を扱う「世界年鑑」、個別の国を扱うもの（例：『中国年鑑』）もある。〈2〉専門年鑑：主題や産業分野ごとに編集され、領域によって名簿中心のもの、書誌中心のものなどがある。〈3〉百科事典年鑑：大規模な百科事典は容易に改訂できないので、逐年の補遺として、新項目の追加や変化する重要項目の変動を年鑑形式で補うもの。〈4〉統計年鑑：統計情報を主体とした年鑑で、地域や分野を限定したものもある。1年間単位であるため、1月から12月までを対象とする暦年編集が利用上便利だが、必ずしもそうなってはいない。[3]

2 調査の基本的な流れ

事実に関するレファレンスに対応する場合、最初からレファレンスブックなどの印刷物に当たるよりも、インターネットの情報をまず調べたほうがいい。なぜなら印刷物よりもインターネットのほうが情報が早く更新されるので、最新の事実を効率よく調べることができるからである。したがって、まずは「コトバンク」「JapanKnowledge」、インターネット、ポータルサイトにあるそれぞれのカテゴリーなどの情報資源に当たる（図15-1の①から④）。

インターネット上の情報資源ではわからなかったり、より詳しく知りたい場合には、内容に応じて、(1)総合年鑑で調べる、(2)新聞記事データベースを検索する、(3)分野の当たりをつけて専門辞典で調べる、などの方法をとる。例えば、「お茶の水女子大学附属小学校の2017年度帰国子女編入学者数を知りたい」と言われたことがあった。お茶の水女子大学附属小学校の公式ウェブサイトを調べたが、そこには載っていなかったので、『帰国子女のための学校便覧』[4]を調べて回答したことがある。このように、紙媒体の便覧や年鑑にしか載っていないデータもある。また、少し前に起こったことについては

```
┌─────────────────────────────────────────────┐
│ X という事実を調べたい                        │
└─────────────────────────────────────────────┘
                  │
                  ▼
┌─────────────────────────────────────────────┐
│ ①「コトバンク」で検索する                      │              ┌──────────────┐
│ ②「JapanKnowledge」で検索する                 │── ある→│ OK（調査終了）│
│ ③インターネットで検索する                      │              └──────────────┘
│ ④ポータルサイトにあるそれぞれのカテゴリーで検索する │
└─────────────────────────────────────────────┘
                  │ ない
                  ▼
┌─────────────────────────────────────────────┐
│（1）総合年鑑で調べる                          │
│（2）新聞記事データベースを検索する              │
│（3）分野の当たりをつけて専門辞典で調べる         │
└─────────────────────────────────────────────┘
```

図15-1　事実の調査の基本的な流れ（筆者作成）

むしろレファレンスブックのほうがコンパクトに情報をまとめてあるので探しやすい場合がある。

　筆者が図書館に勤めていた頃は、8月の終わりになると子どもや保護者から、ここ1カ月の天気を知りたいという問い合わせがよくあった。夏休みの宿題の日記を書くのをさぼっていたので、休みの終わりに慌てて天気を調べようとして図書館に質問するのである。そこで私は質問がくる前にあらかじめ、過去の天気を調べることができるウェブサイトを、パスファインダーとして紹介していた。

　また、来館者が葉っぱに乗った虫を突然カウンターに持ってきて、「これは何か」と質問してきたこともあった。以前は昆虫図鑑を使って来館者と一緒に調べたものだが、いまはスマートフォンのカメラで虫を撮影して、その画像を「Google」の画像検索などにかければ、すぐに名前が判明するだろう。

第2章
調査に使用する情報資源

1　インターネット情報源

①「デジタルデータバンク」（https://www.dainippon-tosho.co.jp/digital_data-bank/）

教科書会社が運営する子ども向けのデータバンクウェブサイトだが、理科系の情報をわかりやすく解説しているので大人の調査にも役に立つ。

②「動物大図鑑」（https://natgeo.nikkeibp.co.jp/nng/web/animals/）
　月刊誌「ナショナル ジオグラフィック（NATIONAL GEOGRAPHIC）」日本版サイト。

2　商用（有料）データベース

①「理科年表プレミアム」（https://www.rikanenpyo.jp/member/?module=Member&action=Login）
　国立天文台編『理科年表』（丸善）の創刊第1冊（1925年）から最新年度版までに掲載している情報をすべて収録。暦、天文、気象、物理／化学、地学、生物、環境の7部門から構成され、約1万5,000項目にも及ぶ膨大な情報を収載している。

②「化学書資料館」（https://www.chem-reference.com）
『化学便覧』『実験化学講座』（ともに丸善）などの日本化学会編集のレファレンスブック全151冊、約8万5,000ページに掲載してある情報を収録している。

3　紙媒体の情報源

①国立天文台編『理科年表 2024 令和6年 第97冊』丸善出版、2023年
　自然科学に関するデータ集。暦部、天文部、気象部、物理・化学部、地学部、生物部、環境部、付録で構成されている。毎年発行しているため、例えばこの版では火山・地震情報や生物の系統図などが最新のものに更新されている。毎年精度が高い情報を提供している。

②『読売年鑑2023』読売新聞東京本社、2023年
　新聞社が発刊する国内唯一の総合年鑑。この版では、2022年に起きた主なニュースを網羅した重要日誌、各界の第一線で活躍する人物約9,000人の

情報を収録した分野別人名録などを掲載している。

③共同通信社編著『世界年鑑2023』共同通信社、2023年
　世界のすべての国々と地域についての最新情報を収録した年鑑。この版ではロシア・ウクライナ戦争、米中対立、台湾・朝鮮半島情勢など、2022年の重要ニュースを巻頭特集で解説している。

④『ブリタニカ国際年鑑2023年版』ブリタニカ・ジャパン、2023年
　主な出来事を暦日で示した国際百科年表、注目人物、物故録、政治・経済・文化・スポーツなど各分野の最新情報、世界の国々と地域の動向、国際比較統計表、索引を収録している。

⑤クレイグ・グレンディ編『ギネス世界記録2024』大木哲／海野佳南／片岡夏実／五味葉／権田アスカ／八尋利恵／金井哲夫訳、角川アスキー総合研究所、2023年
　世界記録を集めた年鑑。惑星、水生生物、人間、冒険、科学＆テクノロジー、アート＆メディア、スポーツなど、あらゆるジャンルのギネス世界記録を網羅。日本版オリジナルページ、日本各地の記録も収録している。

⑥スミソニアン協会監修、デイヴィッド・バーニー顧問編集『地球博物学大図鑑』西尾香苗／増田まもる／田中稔久訳、東京書籍、2012年
　地球上の生命について総合的に紹介するとともに、鉱物から微生物、植物、哺乳類まで、5,000種以上をフルカラーで図解。

⑦牧野富太郎著、邑田仁／米倉浩司編『APG原色牧野植物大図鑑（Ｉ）ソテツ科～バラ科』北隆館、2012年
『原色牧野植物大図鑑』掲載の原色図版を、APG分類システムに従って構成。図版を使った植物形態の説明に重点を置き、同定に必要な細部や花、果実、花序などを図示する。第1巻は、ソテツ科からバラ科までの1,845種を収録する。

⑧多紀保彦／河野博／坂本一男／細谷和海新訂監修『新訂 原色魚類大図鑑

図鑑編』北隆館、2005年

　日本産の海水魚と淡水魚約3,000種に、外国産海水魚、淡水魚、深海魚、極洋魚、観賞魚約1,000種を加えた総計4,000種の情報を収載している。内外の資料をもとに描き起こした原画に基づく細密画が特色の魚類図鑑。

第3章
事例

　実際に取り扱ったレファレンスの例を3件紹介しよう。

①問い合わせ：四つ葉のクローバーはなぜできるのか、インターネットで調べたが本に載っている説明を見たい。
対応：『怖くて眠れなくなる植物学』の142ページに「「四ッ葉」になるのはなぜ」の項目があった。遺伝による先天的な要因と環境による後天的な要因があり、踏み付けられた刺激によって四つ葉が生じると説明してあった。
『雑学大全』210ページには、クローバーは最初はツメクサだったことや、1950年に四つ葉の種が発見されたことが書いてある。
　　これらのことを来館者に伝えた。

②問い合わせ：（カウンターでスマートフォンの画面を見せて）この虫の名前を知りたい。かぼちゃの花に付く。1センチ程度。背は黒く、真正面からの見た目はパンダみたい。
対応：『病気と害虫ハンドブック』の表紙の写真の虫がよく似ていたので同書で調べると「クロウリハムシ」という名前だとわかる。次に『新訂 原色昆虫大図鑑 II 甲虫篇』でも調べると、やはり外見が似ている。この虫は花弁も食べ、かぼちゃにも付く害虫ということなので、「クロウリハムシ」でほぼ間違いないと考え、以上を伝えると来館者も納得した。

③問い合わせ：イスラエルの現状について知りたい。
対応：イスラエルの歴史についての図書（NDC227とNDC228）を案内した。来館者がより詳しく知りたいと希望したため『世界年鑑』と『ブリタニカ国際年鑑』も紹介した。

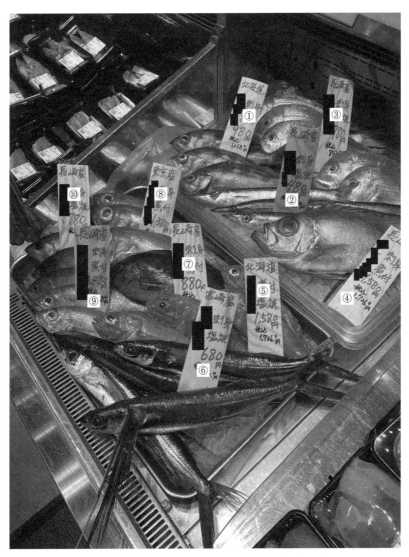

図15-2　スーパーマーケットの鮮魚コーナーで販売されている魚（筆者撮影）

第4章
演習1

　主に第2章「調査に使用する情報資源」で紹介した情報資源を用いて、以下の問いに答えなさい。

①2019年に北海道の企業が開発したロケットが宇宙に到達したと思うのだが、その企業名、社長名とロケット名を知りたい。
②2020年にミャンマーでおこなわれた上下両院の総選挙の結果について知りたい。
③地球には何種類の岩石があるのかを知りたい。
④アカエゾマツの高さはだいたいどれくらいかを知りたい。
⑤ゾウギンザメの全長はだいたいどれくらいかを知りたい。

第5章
演習2

　図15-2の写真は、筆者がある年の1月下旬に東京都内のスーパーマーケットの鮮魚コーナーにある魚を撮影したものである。①から⑩の魚名を調べて答えなさい。

注

(1)「便覧」、前掲『図書館情報学用語辞典 第5版』、「JapanKnowledge」(https://japanknowledge.com)［2024年3月3日アクセス］
(2)「図鑑」、同ウェブサイト
(3)「年鑑」、同ウェブサイト
(4) 海外子女教育振興財団編『帰国子女のための学校便覧——小学校から大学までの入学・編入学ガイド 2019』海外子女教育振興財団、2018年
(5) 稲垣栄洋『怖くて眠れなくなる植物学』(PHP文庫)、PHP研究所、2022年
(6) 東京雑学研究会編著『雑学大全』東京書籍、2004年
(7) NHK出版編『病気と害虫ハンドブック——植物別ですぐわかる』(別冊NHK趣味の園芸)、日本放送出版協会、2005年
(8) 森本桂監修『新訂 原色昆虫大図鑑 II 甲虫篇』北隆館、2007年

第16回

統計について調べる

第1章
調査の基本

1 言葉の定義

『日本大百科全書（ニッポニカ）』では、国勢調査を次のように定義している。

> 国内の人口・世帯の実態を明らかにし、各種行政施策などの基礎資料を得ることを目的とした調査。国のもっとも基本的な統計調査である。国勢調査により作成される国勢統計は人口統計の一つであり、統計法上の基幹統計に位置づけられている。総務省統計局が5年ごとに実施しており、2020年（令和2年）10月1日実施の調査で開始から100年になる。日本国内に普段住んでいるすべての人（外国人を含む）および世帯を対象とする全数調査で、世帯員に関する15項目（「男女の別」「出生の年月」「配偶者の有無」「就業状態」「従業地又は通学地」など）、および世帯に関する4項目（「世帯員の数」「世帯の種類」「住居の種類」「住宅の建て方」）を調査している。[1]

「デジタル大辞泉」は、基幹統計を次のように定義している。

> 公的統計の根幹をなす重要性の高い統計。国勢統計・国民経済計算・労働力統計・人口動態統計・工業統計・経済構造統計など56の統計が指定されている。[2]

```
┌─────────────────────────────────┐
│ Xに関する統計がほしい           │
└─────────────────────────────────┘
              ↓
┌─────────────────────────────────┐
│ ①総務省統計局編『日本統計年鑑』（総務省統計局、1949年  │
│   ―）のウェブ版で検索する        │         ある    ┌──────────────┐
│ ②総務省統計局のウェブサイトを参照する  │ ────→  │ OK（調査終了）│
│ ③「e-Stat 政府統計の総合窓口」で検索する │         └──────────────┘
│ ④インターネットで検索する        │
└─────────────────────────────────┘
              ↓ ない
・分野の当たりをつけて該当する統計書で調べる
・シンクタンクが刊行している情報資源で調べる
・日外アソシエーツ編『統計図表レファレンス事典』（日外ア
  ソシエーツ、2011年―）で調べる
```

図16-1　統計の調査の基本的な流れ（筆者作成）
（出典：総務省「基幹統計一覧（令和4年1月1日現在：53統計）」総務省〔https://www.soumu.go.jp/main_content/000472737.pdf〕〔2024年3月3日アクセス〕をもとに筆者作成）

2　統計の調査の基本的な流れ

　統計と一口にいっても、質問の内容によって参照すべき資料は異なる。まずはその質問がどの統計に関係するかを判断する必要があるし、そのためにはどのような統計があるかをあらかじめ知っておかなくてはいけない。日本に関するデータは、国勢調査や基幹統計に載っていることが多い。例えば「日本の外国人人口の推移を知りたい」と言われたら、国勢調査を見ればいい。図16-1は統計の調査の基本的な流れの一例を示したものである。国勢調査や基幹統計が扱うテーマならば、①『日本統計年鑑』のウェブ版で検索するか、②総務省統計局のウェブサイトを参照するか、③「e-Stat 政府統計の総合窓口」で検索すれば、ほとんどのことがわかる。基幹統計に何が含まれるかをある程度知っていれば、インターネットで検索するよりも、これら3つのどれかを調べるほうが効率的だと判断できる。

　表16-1は、総務大臣が指定する基幹統計の一覧だが、2022年1月1日時点で51の統計がある。例えば、新聞やテレビでガソリン価格がたびたび話題になるが、基幹統計の「小売物価統計」を見れば、東京都区部のガソリンの小売価格の推移がわかる。

表16-1　基幹統計の一覧

番号	名称	作成目的	作成者
1	住宅・土地統計	住宅と住宅以外で人が居住する建物（以下「住宅等」という。）に関する実態ならびに現住居以外の住宅および土地の保有状況その他の住宅等に居住している世帯に関する実態を全国的及び地域別に明らかにする。	総務大臣
2	労働力統計	国民の就業と不就業の状態を明らかにする。	
3	小売物価統計	国民の消費生活に必要な商品の小売価格とサービスの料金について、その毎月の動向と地域別の物価を明らかにする。	
4	家計統計	国民生活の家計収支の実態を毎月明らかにする。	
5	個人企業経済統計	個人企業の経営の実態を明らかにする。	
6	科学技術研究統計	日本の科学技術に関する研究活動の状態を明らかにする。	
7	地方公務員給与実態統計	地方公務員の給与の実態を明らかにする。	
8	就業構造基本統計	国民の就業構造を全国的および地域別に明らかにする。	
9	全国家計構造統計	世帯の所得分布と消費の水準、構造などを全国的および地域別に明らかにする。	
10	社会生活基本統計	国民の社会生活の基礎的事項を明らかにする。	
11	人口推計	5年ごとに作成する国勢統計の間の人口の状態を明らかにする。	
12	法人企業統計	日本の法人の企業活動の実態を明らかにする。	財務大臣
13	民間給与実態統計	民間給与の実態、租税に関する制度と税務行政の運営に必要な基本的事項を明らかにする。	国税庁長官
14	学校基本統計	学校教育行政に必要な学校に関する基本的事項を明らかにする。	文部科学大臣
15	学校保健統計	学校での幼児、児童、生徒、学生と職員の発育および健康の状態と健康診断の実施状況および保健設備の状況を明らかにする。	
16	学校教員統計	学校の教員構成と教員の個人属性、職務態様と異動状況などを明らかにする。	
17	社会教育統計	社会教育行政に必要な社会教育に関する基本的事項を明らかにする。	
18	人口動態統計	出生、死亡、死産、婚姻と離婚の実態を明らかにする。	厚生労働大臣
19	毎月勤労統計	雇用、給与と労働時間の変動を全国的および都道府県別に明らかにする。	
20	薬事工業生産動態統計	医薬品、医薬部外品、医療機器と再生医療等製品に関する毎月の生産の実態などを明らかにする。	
21	医療施設統計	医療施設の分布と整備の実態ならびに医療施設の診療機能の状況を明らかにする。	
22	患者統計	医療施設を利用する患者の傷病の状況などの実態を明らかにする。	
23	賃金構造基本統計	労働者の種類、職種、性、年齢、学歴、勤続年数、経験年数などと、賃金との関係を明らかにする。	
24	国民生活基礎統計	保健、医療、福祉、年金、所得等厚生行政の企画と運営に必要な国民生活の基礎的事項を明らかにする。	
25	生命表	全国の区域について、日本人の死亡と生存の状況を分析する。	
26	社会保障費用統計	社会保障に要する費用の規模と政策分野ごとの構成を明らかにする。	

第1章　調査の基本　　159

番号	名称	作成目的	作成者
27	農林業構造統計	農林行政に必要な農業と林業の基礎的事項を明らかにする。	農林水産大臣
28	牛乳乳製品統計	牛乳と乳製品の生産に関する実態を明らかにする。	
29	作物統計	耕地と作物の生産に関する実態を明らかにする。	
30	海面漁業生産統計	海面漁業の生産に関する実態を明らかにする。	
31	漁業構造統計	水産行政に必要な漁業の基礎的事項を明らかにする。	
32	木材統計	素材生産と木材製品の生産および出荷などに関する実態を明らかにする。	
33	農業経営統計	農業経営体の経営と農産物の生産費の実態を明らかにする。	
34	経済産業省生産動態統計	鉱工業生産の動態を明らかにする。	経済産業大臣
35	ガス事業生産動態統計	ガス事業の生産の実態を明らかにする。	
36	石油製品需給動態統計	石油製品の需給の実態を明らかにする。	
37	商業動態統計	商業を営む事業所と企業の事業活動の動向を明らかにする。	
38	経済産業省特定業種石油等消費統計	工業での石油などの消費の動態を明らかにする。	
39	経済産業省企業活動基本統計	企業の活動の実態を明らかにする。	
40	鉱工業指数	鉱工業製品を生産する国内の事業所の生産、出荷と在庫に係る諸活動ならびに各種設備の生産能力および稼働状況を明らかにする。	
41	港湾統計	港湾の実態を明らかにし、港湾の開発、利用と管理に資する。	国土交通大臣
42	造船造機統計	造船と造機の実態を明らかにする。	
43	建築着工統計	全国での建築物の建設の着工動態を明らかにする。	
44	鉄道車両等生産動態統計	鉄道車両、鉄道車両部品、鉄道信号保安装置と索道搬器運行装置の生産の実態を明らかにする。	
45	建設工事統計	建設工事と建設業の実態を明らかにする。	
46	船員労働統計	船員の報酬、雇用などに関する実態を明らかにする。	
47	自動車輸送統計	自動車輸送の実態を明らかにする。	
48	内航船舶輸送統計	船舶による国内の貨物の輸送の実態を明らかにする。	
49	法人土地・建物基本統計	国と地方公共団体以外の法人が所有する土地および建物の所有と利用ならびに当該法人による土地の購入および売却についての基礎的事項を全国的および地域別に明らかにする。	
50	経済構造統計	すべての産業分野における事業所および企業の活動からなる経済の構造を全国的および地域別に明らかにする。	総務大臣と経済産業大臣
51	産業連関表	生産活動の産業相互の連関構造、生産活動と消費、投資、輸出などとの関連および生産活動と雇用者所得、営業余剰などとの関連を明らかにする。	内閣総理大臣、金融庁長官、総務大臣、財務大臣、文部科学大臣、厚生労働大臣、農林水産大臣、経済産業大臣、国土交通大臣と環境大臣

（出典：総務省「基幹統計一覧（令和4年1月1日現在：53統計）」総務省〔https://www.soumu.
go.jp/main_content/000472737.pdf〕〔2024年3月3日アクセス〕をもとに筆者作成）

もちろん国勢調査、基幹統計、政府統計だけではわからないこともある。その場合はインターネットや民間統計を用いて調べる。民間統計には、業界団体の調査に基づく業界の現状と動向に関する統計、企業・団体の業務統計、シンクタンクが調査した統計などがある。来館者から受けたのがどの業界に関する質問か、分野の当たりをつけて調べるといい。例えば「日本の自動車図書館の台数を知りたい」と言われた場合は、図書館に関する統計なので『日本の図書館 統計と名簿 2022』[4]を調べると、自動車図書館数の47都道府県・市区・町村の内訳が掲載されている。

表16-2 日外アソシエーツ編『統計図表レファレンス事典』（日外アソシエーツ）の一覧（筆者作成）

番号	書名	出版年
1	芸術・文化・エンターテインメント	2023年
2	医療・介護・福祉 2（2013—2022）	
3	国防・軍事	2022年
4	交通・運輸・旅行	
5	人権・差別問題	2021年
6	消費・物価・暮らし	
7	情報・通信・メディア	
8	犯罪事件・不正問題	
9	図書館・読書・出版	2020年
10	学校・教育問題	
11	外交・国際交流・観光	2015年
12	高齢化社会	
13	女性・婦人問題	2014年
14	児童・青少年	
15	医療・介護・福祉	2013年
16	環境・エネルギー問題	2012年
17	「食」と農業	2011年
18	事故・災害	

どのような統計があるのかを知るための資料には、日外アソシエーツ編『統計図表レファレンス事典』[5]がある。これは、調べたいテーマについての統計図表が、どの資料のどこにどのようなタイトルで掲載されているかをキーワードから調べられる索引集である。2024年2月8日時点では、表16-2に示すテーマの統計が刊行されている。例えば、『統計図表レファレンス事典——芸術・文化・エンターテインメント』[6]は、1997年から2023年に国内で刊行された白書・年鑑858種のどこに芸術・文化・エンターテインメントに関する特定の事象を扱った表やグラフが掲載されているかを調べることができるレファレンスブックである。

第2章

調査に使用する情報資源

1　インターネット情報源

①総務省統計局「日本統計年鑑」(https://www.stat.go.jp/data/nenkan/index1.html)

　国土、人口、経済、社会、文化などの広範な分野にわたる基本的な統計データを網羅的かつ体系的に収録している。最新の情報を載せている第73回は、30の分野と543の統計表を掲載している。

②「総務省統計局」(https://www.stat.go.jp/index.html)

　国勢についての基本的な統計はこのサイトで調査できる。

③「e-Stat 政府統計の総合窓口」(https://www.e-stat.go.jp)

　各府省が公表する統計データを一つにまとめたサイト。統計データを検索しダウンロードすることができる。

2　紙媒体の情報源

①総務省統計局編『家計調査年報 令和4年 1 家計収支編』日本統計協会、2023年

　2022年の家計調査（家計収支篇）の結果を取りまとめたもの。「e-Stat 政府統計の総合窓口」で同じ内容を検索して閲覧することができる。

②日本図書館協会図書館調査事業委員会日本の図書館調査委員会編『日本の図書館 統計と名簿 2022』日本図書館協会、2023年

　国立国会図書館、公共図書館、大学図書館について、統計篇には職員数、蔵書冊数などの詳細なデータを、名簿篇には所在地、館長名、休館日、開閉館時刻、電話番号、ファクス番号、ウェブサイト URL などを掲載している。図書館に関する統計について問い合わせを受けた際、統計篇が役に立つ。

③矢野恒太記念会編『日本がわかるデータブック 日本国勢図会 2023/24 第81版』矢野恒太記念会、2023年

　厳選した最新のデータをもとに、日本の社会・経済情勢を表とグラフを使ってわかりやすく解説。国土と気候、人口、工業、財政など、さまざまな分野の基本統計を収録している。

④矢野恒太記念会編『世界がわかるデータブック 世界国勢図会 2023/24 第34版』矢野恒太記念会、2023年

　各国政府や公的機関あるいは業界団体が公表する原数値、修正値、推計値などをもとに、世界の社会・経済情勢を表とグラフを使ってわかりやすく解説している。

⑤二宮書店編集部編『データブックオブ・ザ・ワールド —— 世界各国要覧と最新統計 Vol.36 2024』二宮書店、2024年

　世界のすべての独立国・地域についての最新データを網羅している。自然環境、世界の国々、人口・都市、エネルギー、交通・通信など分野別の統計資料篇（系統的）と、世界各国篇（国別）の2部構成。

⑥並木書房編集部編『アンケート調査年鑑 2023年版』並木書房、2023年

　企業や機関がおこない、2022年7月から23年6月に発表されたアンケートの結果92点を収録。ビジネスマン・OL、主婦、子ども、マネー・財テク、レジャー・ニューメディアなどに関するアンケートを掲載している。

第3章
事例

　統計に関連するレファレンスの事例2件を紹介しよう。

①問い合わせ：小学校低学年の体力測定の統計データが載っている本はあるか。なるべく新しいデータがほしい。
対応：調査のためのキーワードを「児童」「体力」「体力測定」「小学校低学

年」「体力・運動能力調査」「スポーツ」に設定した。OPACで「児童」「体力」と入力して検索したが、来館者が求めるデータに該当する資料は見当たらなかった。そこでインターネットで「小学校低学年」「体力測定」で検索すると、スポーツ庁のウェブサイトの体育・スポーツに関する統計調査・基礎集計「1．小学校児童の調査結果」に、全学年を合計した統計データの記載があった。同じページに「体力・運動能力調査」e-Statへのリンクがある。次に「e-Stat 政府統計の総合窓口」を開いた。統計「体力・運動能力調査」に全学年を合計した統計データを掲載している。図書館のレファレンスブックがある書架に行き、『白書統計索引 2019』[7]を参照して該当しそうな資料を確認。『子供・若者白書 令和3年版』[8]と『子供・若者白書 令和2年版』[9]には記載がない。『子供・若者白書 平成30年版』[10]30ページの第2-10図「子供の体力・運動能力の年次推移」に、9歳・11歳・13歳・16歳の男女の1998年度（平成10年度）から2016年度（平成28年度）にかけての体力の推移を示す表があった。出典はスポーツ庁「体力・運動能力調査」である。『令和2年度 文部科学白書』[11]256ページにも『令和元年度 体力・運動能力調査』[12]を出典とするグラフがあったが、抜粋のため小学校低学年の体力の数値はなかった。以上の調査の結果を来館者に伝えた。

②問い合わせ：ウクライナとロシアの2016年の国防支出総額を知りたい。
対応：外務省のサイトに記載なし。『世界国勢図会』[13]の460ページにウクライナは2,555百万ドル、ロシアは44,470百万ドルと記載があった。以上の結果を来館者に伝えた。

第4章
演習

　主に第2章「調査に使用する情報資源」で紹介した情報資源を用いて、以下の問いに答えなさい。

①山中湖情報創造館が2021年度に受け入れた図書（購入・寄贈など）の総冊数を知りたい。
②2015年以降でいいので、日本の地震保険契約の世帯加入率の推移を知り

たい。

③2020年以降の韓国と中国のキャッシュレス決済比率を知りたい。

④2022年の単身1世帯あたりの1カ月間の牛乳のための支出は何円かを知り
たい。

⑤2023年の日本人の国内宿泊旅行の平均回数を知りたい。

注

(1) 「国勢調査」『日本大百科全書（ニッポニカ）』、「JapanKnowledge」（https://
  japanknowledge.com）［2024年3月3日アクセス］
(2) 「きかん‒とうけい【基幹統計】」、前掲「デジタル大辞泉」、「JapanKnowledge」
  （https://japanknowledge.com）［2024年3月3日アクセス］
(3) 総務省統計局編『日本統計年鑑』総務省統計局、1949年―
(4) 日本図書館協会図書館調査事業委員会日本の図書館調査委員会編『日本の図書館 統計
  と名簿 2022』日本図書館協会、2023年
(5) 日外アソシエーツ編『統計図表レファレンス事典』日外アソシエーツ、2011年―
(6) 日外アソシエーツ編『統計図表レファレンス事典――芸術・文化・エンターテインメ
  ント』日外アソシエーツ、2023年
(7) 日外アソシエーツ編『白書統計索引 2019』日外アソシエーツ、2020年
(8) 内閣府編『子供・若者白書 令和3年版』日経印刷、2021年
(9) 内閣府編『子供・若者白書 令和2年版』日経印刷、2020年
(10) 内閣府編『子供・若者白書 平成30年版』内閣府、2018年
(11) 文部科学省『令和2年度 文部科学白書』文部科学省、2021年
(12) スポーツ庁『令和元年度 体力・運動能力調査』スポーツ庁、2020年
(13) 矢野恒太記念会編『世界国勢図会――世界がわかるデータブック 2019/20』矢野恒
  太記念会、2019年

第17回

人物・団体について調べる

第1章
調査の基本

1　言葉の定義

『図書館情報学用語辞典 第5版』では、人名録を次のように定義している。

> 編集方針によって選択、収集した人物の名前を見出しとして音順などで
> 排列し、職業もしくは所属機関、住所、電話番号などの情報を付け加え
> たレファレンスブック。人名簿ともいう。代表的なものとして、『人事
> 興信録』（1903 −）や Who's Who（1849 −）などがある。[1]

『図書館情報学用語辞典 第5版』では、職員録を次のように定義している。

> その時々において、在職している一定範囲の公務員などを対象として、
> 部局ごとに職位、資格、氏名などを記載した名簿。政府、地方自治体以
> 外の団体、機関について、その職員や社員などの人物情報を収録した名
> 簿も職員録と呼ばれる。日本では、代表的なものとして、毎年度、国立
> 印刷局が編集、発行している『職員録』（1886 −）があり、これには国
> の機関、独立行政法人、特殊法人、都道府県、市町村の職員で、国の係
> 長およびその相当職以上とされる者のすべてが登載されている。[2]

2　調査の基本的な流れ

　人物に関する情報の問い合わせは、プライバシーを侵害することや名誉を

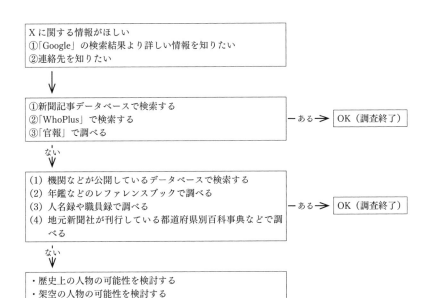

図17-1 人物・団体の調査の基本的な流れ（筆者作成）

傷つけることが来館者の目的ではないかに気をつけるべきだが、実際に多いのは、「○○さんに講演会を頼みたいのだが連絡先がわかる方法はないか」といった趣旨のものである。すでに来館者自身がインターネットで調べていて、それでも必要な情報が得られなかったので図書館に尋ねにくることが多い。図書館員もまずはインターネットで検索してみるが、その後は図17-1に示すような流れで調べていく。

話題になっている人物であれば、①新聞記事データベースで検索すると、「Wikipedia」に掲載されていない情報を得る可能性がある。また、②「WhoPlus」についてはあとで詳しく紹介するが、歴史上の人物から現在活躍中の人物までを横断検索できる人物情報のデータベースなので、かなり汎用性がある。③「官報」は、日本政府が発行する国の公告紙であり、政府機関による公開情報が載っている。「官報」については拙著『事例で学ぶ図書館情報資源概論』の第5回「地域資料、行政資料（政府刊行物）、灰色文献」で詳しく解説しているので参照してほしい。「官報」の公告には、「裁判所」という項目があり、例えば「破産手続開始・破産手続廃止及び免責許可申立てに関する意見申述期間」には関係者の氏名、住所などを掲載している。ま

た、「教員職員免許状失効公告」の欄には該当する人々の氏名、本籍地、失効の事由が掲載されている。これ以外にも「官報」にはさまざまな項目があり、そこに関連する人物の氏名などが載っている。

それでもわからない場合は、(1)機関などが公開しているデータベースで調べる、(2)年鑑などのレファレンスブックで調べる、(3)人名録や職員録で調べる、(4)山梨日日新聞社編『山梨百科事典』(3)のように地元新聞社が刊行している都道府県別百科事典で調べる、などの方法がある。以上の手段でも見つからなかった場合は、歴史上の人物か、あるいは架空の人物である可能性もあるので、人名辞典などを当たってみるしかない。

3 個人情報の保護との関係

人物や団体に関するレファレンス対応をおこなう際に「個人について根掘り葉掘り探ると個人情報の保護の規定に抵触するのではないか」と思うかもしれない。図書館でおこなう情報サービスは、基本的には公になっている情報資源を用いる。人名録や職員録は公刊されたもの、または公的な出版物であり、新聞記事データベースに記載されている人物情報も同様である。それらを回答の根拠にすることには個人情報保護のうえでの問題はない。というのも、公刊された出版物は公開を前提にして作られたものだからである。特に、国立印刷局の職員録や「官報」は公的な性格をもち、長年にわたって発行されてきたもので、公共性が非常に高い情報資源である。これらを使って個人情報を調査することを控えなければならないと考えるのは、過剰反応といえるだろう。

第2章
調査に使用する情報資源

1 インターネット情報源

①「日本人名情報索引（人文分野）」(https://ndlsearch.ndl.go.jp/rnavi/db/jinmei)
国立国会図書館所蔵の和図書・和雑誌から、日本人の人名情報を収録する人名辞典とそれに類する資料を選び、書誌や収録内容のキーワードでの検索

ができるデータベースである。

②「researchmap」（https://researchmap.jp）
　日本の研究者とその業績などの情報が検索できるデータベースである。

③「タレントデータバンク」（https://www.talent-databank.co.jp）
　タレント・俳優・ミュージシャン・文化人・声優・モデルなどの情報が検索できる。

④「近代日本人の肖像」（https://www.ndl.go.jp/portrait/）
　近代日本の形成に影響力をもった政治家、官僚、軍人、実業家、学者、芸術家など1,000人以上の肖像写真を検索できる。

⑤「人名事典」（https://www.php.co.jp/fun/people/）
　5,231人の人物が検索できる。

2　商用（有料）データベース

「WhoPlus」（https://www.nichigai.co.jp/database/who-plus.html）
　人物情報源「WHO」と日外アソシエーツが刊行する『人物レファレンス事典』をあわせた、およそ97万件（2023年3月時点）を収録する人物情報のデータベースである。
　「WHO」では、本人へのアンケートを使った信頼がおける情報を含むほか、その人物について書かれた文献や、当人が執筆した文献（図書、記事・論文）をあわせて調査することができる。また、『人物レファレンス事典』では、古代から現代までの人物が、どの事典にどのような表記で掲載されているかを調べることができる。「WHO」の多彩な検索項目に加えて、活動分野などでのファセット（絞り込み）といった、目的の人物により辿り着きやすくなる機能も「WhoPlus」は備えている。

3 紙媒体の情報源

①国立印刷局編『職員録 令和5年版』上、国立印刷局、2024年
　係長および同相当職以上に在職する公務員の職員名鑑。上巻は、国の機関（立法・行政・司法）、独立行政法人、国立大学法人などの職員の情報を収録している。

②『人事興信録 上 第四十五版』興信データ、2009年
　厳選した日本人および在日外国要人8万余人について、その氏名・肩書・出身地・在籍・家族・出生事項・学歴など、人物の理解のために重要な事項を詳細に掲載している。上巻は、あ—さ行を収録。

③日外アソシエーツ編『現代世界人名総覧』日外アソシエーツ、2015年
　海外の著名人の情報を一覧できる人名総覧。1992年から2012年刊行の『現代外国人名録』[4]に掲載された人物の情報を収録。12年以降にデータ収集した人物についても追加収録している。

④日外アソシエーツ編集部編『新撰 芸能人物事典 明治〜平成』日外アソシエーツ、2010年
　明治から平成までの、舞台・映画・ラジオ・テレビで活躍した歌手・役者・芸人・タレントのうち、2010年9月時点での故人についての情報を収録し、生没年、経歴、受賞歴などの詳細なプロフィルと伝記を掲載している。

⑤『日本タレント名鑑 2024』VIPタイムズ社、2024年
　男女タレント、子どもタレント、アーティスト、グループ、モデルなど、日本のタレントの顔写真・生年月日・出身地・特技・出演作品といった情報を掲載している。

⑥日本文藝家協会編『文藝年鑑 2023』新潮社、2023年
　2022年の文芸に関する動きをさまざまな角度から分析した年鑑。雑誌掲載作品目録、文化各界人名簿、著作権問い合わせ先一覧などを収録してい

て、調査に役立つ。

⑦教育社編『架空人名辞典 復刻 第1巻 欧米編』日本図書センター、2011年
　文学作品の主要な登場人物や、文学にとって重要な歴史上の実在の人物や
動物、妖精などを取り上げた架空人名辞典で、「欧米編」「日本編」の2巻で
構成。

第3章
事例

　実際のレファレンスの例を3件紹介しよう。

①問い合わせ：佐佐木信綱と中村汀女の肖像が見たい。
対応：まず、佐佐木信綱と中村汀女の著作に写真が掲載されていないか探し
た。佐佐木信綱については、著作ではなく佐佐木に関して論じた資料に肖像
写真が載っていた。中村汀女は自身の句集の口絵写真と、俳人辞典に顔写真
が掲載されていた。以上の結果を来館者に伝えた。
参考資料：衣斐賢譲『佐佐木信綱の世界 ―― 「信綱かるた」歌のふるさ
と』中日新聞社、2008年
中村汀女『中村汀女俳句集成 全一巻』中日新聞東京本社東京新聞出版局、
1974年
安住敦／大野林火／草間時彦／沢木欣一／村山古郷編『現代俳句大辞典』明
治書院、1980年
中村汀女『俳句をたのしく ―― 作句と鑑賞』主婦の友社、1968年

②問い合わせ：「中日新聞」に、昔は大学合格者の氏名と出身校が掲載され
ていたが、いつごろからいつごろまで載っていたのかを知りたい。2月ごろ
に毎日掲載があり、1990年ごろの新聞に載っていたのを見た。
対応：1969年3月の「中日新聞」に「大学合格者」の掲載があることが確認
できた。「中日新聞」の最も古い所蔵がこの年のため、これ以前は不明であ
る。インターネット検索では、昔は「岐阜県版」に掲載があったことがわか
る。所蔵しているなかで最も古い「中日新聞岐阜・飛驒版」の1969年2月か

第3章　事例　　171

ら3月までの紙面を確認したところ、「大学合格者」の掲載があり、合格者名と出身高校の記載があった。以上の結果を来館者に伝えた。

③問い合わせ：大森翌翠とはどんな人物か知りたい。

対応：調べたところ、翌翠ではなく大森琴翠が正しい氏名だとわかった。岐阜市にあった日本画家団体・日本絵画作家連盟清光会に所属していた画家で茨城県出身だが、そのほかの詳細は不明。来館者が昔購入した絵画作品に付いていた「真筆証明書」に記載されていた人物名で、出身地やいつごろ活躍したのかはまったくわからず、購入した時期や場所も覚えていないという。文字がやや崩れていたため来館者には「翌翠」という字に見えたが、スタッフが見たところ「琴翠」と書かれていることが判明。「大森琴翠」を人物事典や『美術年鑑』で探したが、見つからなかった。『人物レファレンス事典 美術篇』や『美術家名鑑』にも記載がなく、人物事典には載っていないと判断した。来館者が所有する作品には花瓶に生けた牡丹の花が描かれていたので、『日本美術作品レファレンス事典 個人美術全集・絵画篇 Ⅰ 日本画（明治～昭和中期）』の「牡丹」の項を調べたが、載っていなかった。国立国会図書館の検索でもヒットせず、県立図書館の新聞雑誌記事検索でも手がかりになるような結果は得られなかった。インターネットで「大森琴翠」を探したところ、来館者が所有する作品と同じような作品の画像や落款が出てくるものの、大森琴翠その人については情報がまったくなかった。来館者が持参した真筆証明書に「日本絵画作家連盟清光会　中島清堂」と印字されていたので、団体名と中島清堂という代表者名で調べることにしたが、年鑑では同じ名前を見つけることはできなかった。インターネットで検索したところネットオークションのウェブサイトの商品紹介で同名の人物がヒットし、「美術名典掲載作家」とあった。『美術名典』で「中島清堂」および「大森琴翠」を調べたところ最新刊（2020年版）には掲載がなく、所蔵がある2014年版から19年版までには掲載されていた。最新刊に情報が掲載されていないのはなぜかわからなかった。ここに記載されている住所と電話番号は現在「日本美術館」という画廊のものだが、画廊自体についても同じ住所と電話番号で『美術名典』に14年版から掲載されている。以上の結果を来館者に伝えた。

第4章
演習

　主に第2章「調査に使用する情報資源」で紹介した情報資源を用いて、以下の問いに答えなさい。

①俳優・北川景子の趣味は医学書や薬の事典を見ることらしいが、そのことが何かに載っているのかを確認したい。

②2018年の最高裁判所の第一小法廷書記室第一小法廷首席書記官が誰だったか知りたい。

③佐藤武敏について家族構成や褒賞など、「Wikipedia」には載っていない情報を得たい。

④画家のカン・ダイヘイの略歴を知りたい。

⑤貴志祐介に講演会の講師を依頼したいと思っているので、連絡先を知りたい。

注

(1)　「人名録」、前掲『図書館情報学用語辞典 第5版』、「JapanKnowledge」（https://japanknowledge.com）［2024年3月3日アクセス］

(2)　「職員録」、同ウェブサイト

(3)　山梨日日新聞社編『山梨百科事典』山梨日日新聞社、1989年

(4)　日外アソシエーツ編『現代外国人名録』日外アソシエーツ、1992年—

(5)　美術年鑑編集部編『美術年鑑』美術年鑑社、1929年—

(6)　日外アソシエーツ編『人物レファレンス事典 美術篇』日外アソシエーツ、2010年

(7)　清水澄／清水治編『美術家名鑑』美術倶楽部、1959年—

(8)　日外アソシエーツ編『日本美術作品レファレンス事典 個人美術全集・絵画篇 Ⅰ 日本画（明治〜昭和中期）』日外アソシエーツ、2011年

(9)　美術名典編集部編『美術名典』芸術新聞社、1959年—

第18回

地理・地名について調べる

第1章
調査の基本

1 言葉の定義

『法律用語辞典 第5版』では、地価公示を次のように定義している。

> 地価公示法（昭44法49）に基づき、国土交通省に置かれた土地鑑定委員会が、標準地について、毎年、基準日（1月1日）における当該標準地の単位面積当たりの正常な価格を判定し、これを官報で公示すること。公示された標準地の価格を「公示価格」といい、一般の土地の取引価格の指標となるほか、不動産鑑定士等が土地の鑑定評価を行う場合や、公共事業の用に供する土地の取得価格の算定を行う場合の基準等となる。[1]

『法律用語辞典 第5版』では、路線価を次のように定義している。

> 主として市街地において宅地が面している道路（路線）ごとに設定される宅地一平方メートル当たりの評価額。宅地の価額がおおむね同一と認められる一連の宅地が面している道路ごとに設定され、その道路に接する宅地のうち代表的なものにつき、近隣の売買実例価格、地価公示価格等を基として毎年決定される。相続税、贈与税、地価税及び固定資産税では、市街地に所在する画地（宅地の利用の単位となっている一区画の宅地）の価額を決定する際の基準とされる。[2]

174

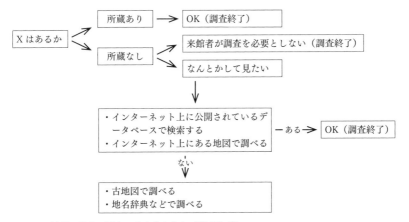

図18-1　地理・地名の調査の基本的な流れ（筆者作成）

2　調査の基本的な流れ

　公立図書館の場合、地理・地名についての問い合わせで多いのは、住宅地図、地価、ハザードマップなどに関連するものである。「○○地区の住宅地図はありますか？」「○○の地価公示が書かれたものはありますか？」「○○の路線価図を見たいのですが」「○○地区のハザードマップを見たいのですが」というように、地図や資料の所蔵の有無を尋ねられることが多い。図18-1は、そうした問い合わせを受けた場合の調査の基本的な流れを示している。

　住宅地図という場合、ほとんどが「ゼンリン住宅地図」を意味している。これは地図上に建物名称や居住者名、番地などを表示するものである。問い合わせの対象地域の地図を自館が所蔵していなければ所蔵している近隣の図書館を紹介する。多くの住宅地図は禁帯出にしているため、相互貸借で取り寄せることができないことが多い。そのため、来館者に直接その図書館に出向いてもらうしかない。

　住宅地図以外では、「ブルーマップ」の所蔵を尋ねられることが多い。「ブルーマップ」は、登記事項証明書の取得や用途地域の確認に必要であるため、図書館での利用も多い。地価公示、路線価図、ハザードマップは、インターネットで見ることができるので、紙媒体での所蔵がなくても、それぞれ

のサイトを紹介すればいい。

　それ以外の問い合わせでは地名の読み方を尋ねられることもあるが、これもインターネット上の情報資源を使えばほとんど解決できる。それでもわからない場合には、古地図を用いたり、地名辞典などで調べたりするといいだろう。

第2章
調査に使用する情報資源

1　インターネット情報源

①「地理空間情報ライブラリー」(https://geolib.gsi.go.jp)
　国土地理院の作成した地図・空中写真や地方公共団体が作成した図面などが検索できる。

②「不動産情報ライブラリ」(https://www.reinfolib.mlit.go.jp)
　国土交通省が提供する不動産の取引価格、地価公示・都道府県地価調査の価格が検索できる。過去の価格も知ることができる。

③「財産評価基準書 路線価図・評価倍率表」(https://www.rosenka.nta.go.jp)
　国税庁が作成するウェブサイトで、相続税および贈与税の対象になる土地の価格を評価するためのデータを一年ごとに更新して掲載している。過去数年の価格も知ることができる。

④「全国地価マップ」(https://www.chikamap.jp)
　資産評価システム研究センターが提供するウェブサイト。固定資産税路線価、相続税路線価、地価公示価格、都道府県地価調査価格が検索可能。過去数年の価格も知ることができる。

2　紙媒体の情報源

①「角川日本地名大辞典」編纂委員会編『角川日本地名大辞典』全48巻、角

川書店、1978—91年

　47都道府県の情報を掲載している。歴史的概要も載っているが、基本的には1978年当時の記述である。「地名編」「地誌編」「資料編」に分かれていて、「地名編」は古代から現代（昭和期）までの歴史的行政地名や自然地名、人文地名、「地誌編」は78年時点の各自治体を単位として、その地域の現況、通史、史跡などの情報を収録している。「地名編」は五十音順、「地誌編」は各自治体名が五十音順になっていて、さらにそのなかの各町名も五十音順に構成されている。索引はないが、「地名編」で地名を引くと「地誌編の○○区を見よ」と参照先が案内されている。

②『日本歴史地名大系』全50巻、平凡社、1979—2005年

　47都道府県の情報を掲載している。古代から現代に至る各時代の行政地名、人文地名、自然地名、遺跡・遺構など、いまはなくなった地名を資料として残すことに力を入れている辞典。書名に「歴史」と入っているように、主に歴史的な地名についての情報を収録している。各自治体のページは目次で探す。五十音順に構成されていないが、巻末に五十音索引がある。

③日外アソシエーツ編集部編『全国地名駅名よみかた辞典——最新市町村合併完全対応版』日外アソシエーツ、2016年

　日本全国の地名11万8,845件、JR・私鉄・公営鉄道線の駅名8,987件について、それぞれの読み仮名を明示する。

④日外アソシエーツ編『読み間違えやすい全国地名辞典』日外アソシエーツ、2018年

　全国の現行地名のなかから複数の読み方がある地名、一般的に難読とされる地名など、3万2,015件の読み仮名を明示する。

⑤日外アソシエーツ編『難読誤読島嶼名漢字よみかた辞典』日外アソシエーツ、2015年

　難読や誤読しやすい島の名前を収録した島しょ名小辞典。漢字名の見出しを771種掲載している。北海道から沖縄県までの計1,625島の読み方を収録する。

第3章

事例

　地図や地名にまつわるレファレンスの例を4件紹介しよう。

①問い合わせ：杉並区と目黒区の最新の住宅地図はあるか。また、用地の用途（工業用など）が載っている地図はあるか。
対応：杉並区も目黒区も隣接自治体ではないので、どちらの住宅地図も所蔵していなかった。「ゼンリン住宅地図」を所蔵している自治体内の図書館の一覧が載っている館内マニュアルと図書館ウェブサイトを参照すると、これらの2つの区の住宅地図の最新版を置いているのは中央図書館だけだった。用地の用途が載っているのは「ブルーマップ」なので杉並区と目黒区のものについて所蔵状況を調べたが、やはり自治体内の図書館には所蔵していなかった。

②問い合わせ：昨日見ていたテレビで「古川町」と書いて「フルカワチョウ」や「フルカワマチ」と読む地名が日本各地にあることを知った。何か一覧のようなものはないだろうか。
対応：『全国地名駅名よみかた辞典』の384ページに古川町の記載があるので紹介した。

③問い合わせ：岐阜県の高山市七日町にあるという「かいが呉服店」はいつごろ存在したのか。また、その地図があれば見たい。
対応：『高山商工名鑑 1962』の20ページの営業品目「呉服」を見ると、「貝賀呉服店」が七日町1の住所にあったことがわかったが、『高山商工名鑑 1971』『高山商工名鑑 1976』には記載がなかった。『たかやま商工名鑑 '87』を見ると、「(名)かいが」という事業所名の店が高山市七日町1-48の住所にあったことがわかった。『ゼンリン住宅地図2019 09 高山市 1』63ページでは、「ブティックかいが」が同じ住所に存在する。以上の内容を来館者に伝えた。

④問い合わせ：1935—45年代の東京都小石川区の地図を見たい。小石川か

ら始まる特定の住所の現在の場所がどこなのかを知りたいので。

対応：「小石川」「地図」「昭和」をキーワードに入れて図書館システムで蔵書を検索したところ、『5千分の1 江戸―東京市街地図集成』の2分冊中の2冊目が該当した。この資料に掲載されている知りたい場所にあたる地図が少しわかりづらいということだったので、文京区のウェブサイト「文の京デジタル文庫」に掲載されているその年代の小石川区の地図数点も来館者に見てもらう。前出の地図と見比べたところ、場所が判明した。

第4章
演習

　主に第2章「調査に使用する情報資源」で紹介した情報資源を用いて、以下の質問に回答しなさい。

①山梨県にある鶴峠について知りたい。
②東京都港区の白金の読み方と、この地名が江戸時代にはどの範囲に該当していたのかを知りたい。
③鷹島町舩唐津免の読み方と、どこの市にあるのかを知りたい。
④鱸礁の読み方と、どこの県にあるのかを知りたい。
⑤2019年1月1日時点の東京都港区白金1-25-20の1平方メートルあたりの価格を知りたい。

注

(1) 「地価公示」『法律用語辞典 第5版』有斐閣、2020年、「JapanKnowledge」（https://japanknowledge.com）［2024年3月3日アクセス］
(2) 「路線価」、同ウェブサイト
(3) 高山商工会議所編『高山商工名鑑 1962』高山商工会議所、1962年
(4) 高山商工会議所編『高山商工名鑑 1971』高山商工会議所、1971年
(5) 高山商工会議所編『高山商工名鑑 1976』高山商工会議所、1976年
(6) 高山商工会議所編『たかやま商工名鑑 '87』高山商工会議所、1987年
(7) ゼンリン『ゼンリン住宅地図2019 09 高山市 1』ゼンリン、2019年
(8) 地図資料編纂会編『5千分の1 江戸―東京市街地図集成』全2巻、柏書房、1988―90年

第19回

歴史について調べる

第1章
調査の基本

1 言葉の定義

『図書館情報学用語辞典 第5版』では、年表を次のように定義している。

> 歴史上の出来事などを年代順に排列して表形式で示したレファレンスブ
> ック。世界史全般にわたるもの、各国史、地域史のほか、特定の分野に
> 対象を限定したものも少なくない。独立刊行されるほか、一般書やレフ
> ァレンスブックの一部として収録される年表もある。年表が登場する以
> 前は、歴史上の出来事などを年代順に文章で書いた年代記（annals）が
> 書かれていたが、記載事項が多くなり、また簡単に見いだせるように表
> 記したものが求められたこともあって、年表形式のものが現れた。年表
> は、司馬遷『史記』に含まれる「年表」にまで遡ることができる。日本
> で「年表」がタイトルに使われるようになったのは、江戸時代になって
> からのことである。近年、CD-ROM として刊行されたり、ウェブ上で
> 公開されたりするようになり、検索機能が飛躍的に向上して使いやすく
> なった。[1]

2 歴史の調査の基本的な流れ

　図19-1は、歴史についての基本的な調査の流れを示したものである。歴
史に関する調査を始めるには、まず質問の概要をつかむ必要がある。その
ためには、①「コトバンク」、②「JapanKnowledge」、③機関などが作成してい

```
┌─────────────────────────────┐
│ X について調べたい           │
└─────────────────────────────┘
              ↓
┌──────────────────────────────────────────┐
│ ①「コトバンク」で検索する                │
│ ②「JapanKnowledge」で検索する            │
│ ③機関などが作成しているウェブサイトで検索する │
│ ④インターネットで検索する                │
└──────────────────────────────────────────┘
              ↓
┌────────────────────────────────────────────────────┐
│ ・日本史の場合は『国史大辞典』で調べる             │
│ ・世界史の場合は『世界の歴史大図鑑 コンパクト版 新装版』で調べる │
│ ・国（地域）・分野・テーマ別などの歴史事典で調べる │
│ ・参照した資料に記載がある出典や参考文献で調べる   │
└────────────────────────────────────────────────────┘
              ↓
┌──────────────────────────────────────────┐
│ (1) 言葉の表記が違う可能性を検討する     │
│ (2) 別の説、新たな研究成果の可能性を検討する │
└──────────────────────────────────────────┘
```

図19-1　歴史の調査の基本的な流れ（筆者作成）

るウェブサイト、④インターネットで、質問のキーワードにあたる語を検索してみるといい。

　有名な出来事や歴史上の人物なら、来館者は「Wikipedia」ですでに調べていることが多い。それでもわからなかったため図書館に質問しているということを踏まえて、歴史のレファレンスブックで調べる必要がある。国（地域）・分野・テーマ別などの歴史事典で調べたり、参照した資料に記載されている出典や参考文献を当たってみたりする。

　質問の例としては、「本能寺の変は1582年だが、何月何日か」というように細かい点を尋ねられることがある。その場合は『国史大辞典』などの辞典類や年表が役に立つ。また、「○○という時代劇映画で見た当時の書状が実際に残っているなら見てみたい」というように、史料の所蔵に関する問い合わせもある。最近ではデジタルアーカイブが進んでいるので、次章で紹介する「ジャパンサーチ」というデータベースなどで検索するといいだろう。

　それでもわからない場合は、①表記が違う可能性、②別の説に基づく情報か新たな研究成果の可能性がある。①と②の背景事情にあるのは、歴史研究の進展である。歴史研究が進むにつれてかつての歴史用語が適切ではないと判断され、別の用語に変わることがある。また、外国人名・地名などは現地

での読み方を重視する傾向になっているので、新しいレファレンスブックでは書き方が変わっている可能性がある。例を挙げると、聖徳太子は現在の日本史の教科書では「厩戸王（聖徳太子）」と記載されるようになっている。また、江戸時代にキリスト教徒を見つけ出すためにキリストやマリアの絵を踏ませた行為は、かつては「踏み絵」と呼ばれていたが、現在の学校では「絵踏（えぶみ）」という呼称で教えている。外国地名の例では、ウクライナの首都キエフはロシア・ウクライナ戦争の影響で「キーウ」という表記に変更されたが、これは今後の歴史の記述にも影響するだろう。このように歴史研究は少しずつ進展している。調査がうまくいかないときはこうした可能性も踏まえて、検索語を再検討するといいかもしれない。

第2章
調査に使用する情報資源

1　インターネット情報源

①「ジャパンサーチ」（https://jpsearch.go.jp）
　書籍・公文書・文化財・美術・人文学・自然史・理工学・学術資産・放送番組・映画などの分野の、日本のデジタルアーカイブの横断検索ができる。連携データベース数は259件、連携機関数は151機関、メタデータ件数は3,055万3,923件である。

②「国立公文書館デジタルアーカイブ」（https://www.digital.archives.go.jp）
　公文書や重要文化財、大判資料、巻物などの検索ができ、デジタルデータで閲覧可能である。

③「ADEAC（アデアック）」（https://adeac.jp）
　デジタルアーカイブの検索ができる。搭載機関は151機関で、メタデータは27万6,926件、コンテンツは19万7,607件、テキストデータは11万8,596件である。

④国際日本文化研究センター（日文研）「データベース」（https://www.nichibun.ac.jp/ja/db/）

国際日本文化研究センター（日文研）が収集する日本研究の資料と研究成果、および他機関所有の日本研究の資料などの検索ができる。

⑤「歴 seek 歴史データベース」（https://rekiseek.hydeen.com）

宇宙の誕生から現在までの約6万6,000件の歴史上の出来事の検索ができる。

2　商用（有料）データベース

「Web 版デジタル伊能図」（https://adeac.jp/ino-demo/top/）

約200年前に伊能忠敬が全国を測量して作成した伊能大図214枚、忠敬本人が測量中に記した日記（国宝『測量日記』）全3,000ページを収録している。大図の現代地図との重ね合わせや、測量日記の全文検索ができる。

3　紙媒体の情報源

①国史大辞典編集委員会編『国史大辞典』全15巻、吉川弘文館、1979─97年

1979年から97年に出版された国内最大級の日本歴史大百科。日本史の全領域のほか、考古・民俗・宗教・美術・国語・国文・地理など、隣接分野の必要な項目も網羅している。日本史に関する質問を受けて調査に行き詰まったときに頼りになる。各項目の記述は専門的なので、理解が難しい場合は国語辞典や『日本国語大辞典』と併用する。

②吉川弘文館編集部編『日本史必携』吉川弘文館、2006年

日本の古代から近世までを中心に一覧形式でデータを表示した歴史百科。日本史を読み解くうえで必須の年表・図表類などを、5篇（基本資料・古代・中世・近世・宗教）200余項目にわたって収録している。

③日本史広辞典編集委員会編『山川日本史小辞典 改訂新版』山川出版社、2016年

『日本史広辞典[(3)]』をベースにした内容になっていて、約9,000項目を解説。天皇家や有力氏族の略系図、度量衡も収録している。

④アダム・ハート゠デイヴィス総監修、樺山紘一日本語版総監修『世界の歴史大図鑑 コンパクト版 新装版』鹿沼博史／河島美季／岡崎精一／三浦朋訳、三浦嘉治／エス・プロジェクト日本語版編集、河出書房新社、2023年
　450万年前の人類の出現から現在までの、重要な事件や出来事、思想、政治的権力、科学技術の進歩など、人類の歴史を形作ってきた事柄を紹介している。見開き2ページで1テーマを扱っていて、わかりやすい。

⑤「世界史用語事典」編集委員会編『もういちど読む山川世界史用語事典』山川出版社、2015年
　多くの世界史教科書に記述されている基本用語を、世界史の流れに沿って構成する読む事典。

⑥朝治啓三編『西洋の歴史基本用語集 古代・中世編』ミネルヴァ書房、2008年
　初歩的な用語から卒業論文対策まで、西アジア・西洋古代・中世史の基本的な用語983語をわかりやすく解説するハンディーサイズの用語集である。

⑦京大西洋史辞典編纂会編『新編 西洋史辞典 改訂増補』東京創元社、1993年
　西洋史全般を5,200の項目を立てて解説している。付録と索引あり。西ヨーロッパはもとより、東ヨーロッパ、ロシア・ソビエト連邦、南北アメリカ、中東も含む。

⑧京大東洋史辞典編纂会編『新編 東洋史辞典』東京創元社、1980年
　中国はもとより、北アジアから東南アジア、インド、さらに西アジアからアフリカまでを含む地域の歴史を約6,000項目について解説している。

⑨加藤友康／瀬野精一郎／鳥海靖／丸山雍成編『日本史総合年表 第三版』吉川弘文館、2019年

旧石器時代から2019年5月1日令和改元までの日本の政治・経済・社会・文化および世界の重要事項を収めた、『国史大辞典』と連動する年表である。

⑩岩波書店編集部編『近代日本総合年表 第四版』岩波書店、2001年
　ペリー来航以降の、政治・経済・社会・学術・芸術などの分野の出来事を広く網羅し、詳細に記述した総合年表。

⑪児玉幸多編『日本史年表・地図 第29版』吉川弘文館、2023年
　政治・外交・文化についての年表に加え、世界史の事象を年代ごとにまとめて時代の流れを有機的に把握できる年表を掲載している。政治・経済・文化事象に関連する地図を収録。

⑫亀井高孝／三上次男／林健太郎／堀米庸三編『世界史年表・地図 第29版』吉川弘文館、2023年
　政治・文化・社会経済など各般の分野についての歴史を理解できるよう、紀元前3000年代から2022年まで、豊富で詳細な事項を網羅した世界史年表。

⑬青山吉信／石橋秀雄／木村靖二／武本竹生／松浦高嶺編『世界史大年表 増補版』山川出版社、2018年
　人類の発生から現在までの壮大な世界史を多元的かつ多面的に捉えた大年表で、世界諸地域の事項を詳述している。1992年から2016年の世界の諸事象の情報を加えた増補版。

第3章
事例

　歴史に関するレファレンスの実例を4件紹介しよう。

①問い合わせ：敦盛の五十にして云々という能のセリフについて載っていた、世阿弥が著した『花伝書』という本はあるか。
対応：花伝書（カデンショ）で書名検索すると、①『花伝書[(4)]』は自治体内図書館での収蔵がなく、②『子育ての書 1[(5)]』（世阿弥『花伝書』も収録している）は

中央図書館だけが所蔵している。念のためほかのスタッフに相談し再度検索してもらったところ、『風姿花伝』のことではないかということだったので、③『国史大辞典』第3巻の413ページ、④同書第12巻14―15ページを見てみると「花伝書⇒風姿花伝」とあり、花伝書は俗称のようなので、依頼者に、『風姿花伝』のことではないかと尋ねてみた。さらに、念のため⑤『歌論集 能楽論集』、⑥『現代語訳 風姿花伝』を閲覧してもらった。すると、⑥の103ページの作品案内「風姿花伝とは」の項に、1927年の岩波文庫版『花伝書』が挙げられていた。来館者に伝えたところ、探しているのはこれかもしれないというのでご自身で古書店に当たってみるという。これで調査は終了した。

②問い合わせ：榊原政峯に関する本はあるか（来館者は調査対象の名前を書いたメモを持参した）。
対応：『国史大辞典』の索引を引いて項目を見ると、榊原政岑（来館者のメモとは字が異なる）という人物名があった。この人物は姫路藩主だったが、転封を命じられて高田藩主になったことがわかった。そのため、大藩である姫路（兵庫県）に絞って言及している資料を探すことにした。『よみがえる日本の城4 姫路城』に榊原政岑についての記載、コラムあり。ちなみに、子孫の榊原喜佐子は徳川慶喜の孫であり、著作の『殿様と私』を紹介したところ来館者は借りていった。

③問い合わせ：西暦・時代・元号がすべて書いてある、表みたいな年表を見たい。一目でわかるものがいい。
対応：①『日本史年表・地図 第20版』、②『日本史総合年表 第二版』、③『日本大百科全書 18』300ページの日本年号一覧、④『事典 日本の年号』を参照した。①には西暦と日本史に分けられていて、②には西暦と和暦（元号）があるが、2冊を見比べる必要があるのはダメとのこと。来館者は、平安時代の前は奈良時代、というように前後の時代をもっと簡単に知りたいと要望した。③は元号をあいうえお順に案内している。④は一覧ではないが、これならわかりやすいということで貸出。⑤『資料・日本歴史図録』。おそらくこれがいちばん希望に近いと思われる（⑤については来館者が帰ったあと調査）。

④問い合わせ：安政5年に日本が5つの国と結んだ条約の内容が書かれたものを見たい。

対応：OPACで「条約」「開国」「歴史」をキーワードに入力して検索したところ、①『日本開国史』[15]が見つかった。331—353ページに日米修好通商条約、355—367ページに日蘭修好通商条約、367—371ページに日露修好通商条約、371—382ページに日英修好通商条約、382—386ページに日仏修好通商条約のそれぞれの内容について記載があった。また、インターネットで「安政5年」「条約」をキーワードに入力して検索した結果、これらが「安政五ヶ国条約」と呼ばれていることがわかった。

その後、2類書架をざっと探して、②『開国期徳川幕府の政治と外交』[16]、③『幕末期対外関係の研究』[17]、④『幕末外交儀礼の研究』[18]を見つけるが、いずれも「安政五ヶ国条約」の記載はなかった。さらに、レファレンスブックを排架している書架にあった⑤『国史大辞典 1 あ—い』[19]を調べると、383ページの「安政五箇国条約」の項に各国の調印の日程・内容の一部についての記載があった。また、同書架の⑥『日本史大事典 1 あ〜お』[20]の289—290ページの「安政五カ国条約」の項にも、共通する条約の一部が掲載されていた。なお、以上の調査から、各国との修好通商条約文書の版本が「○○国条約並税則（じょうやくならびにぜいそく）」という名称だとわかった。

次に「国立国会図書館デジタルコレクション」で「五ヶ国条約」「並税則」をキーワードに入力して検索した。「亜墨利加国条約並税則」「英吉利国条約並税則」「仏蘭西国条約並税則」「阿蘭陀国条約並税則」がヒットし、これらはすべてログインなしで内容の閲覧が可能だった。ただし「露西亜国条約並税則」は見つからなかった。

来館者には、①⑤⑥の資料と、「国立国会図書館デジタルコレクション」を紹介した。

第4章
演習

主に第2章「調査に使用する情報資源」で紹介した情報資源を用いて、以下の問い合わせに回答しなさい。

①古墳時代の鉄刀をデジタルアーカイブで見たい。

②豊臣秀吉の死後、昌幸と信繁は石田三成側、信幸は徳川側、というふうに真田家が東西に分かれたときの史料があれば、なんでもいいので見たい。

③徳川家康が北条氏直と和睦したのは何年何月何日なのか知りたい。

④スリヴィジャヤの国土がいちばん広かったときの様子を地図などで見たい。

⑤安芸国広島藩領享保三年一揆について知りたい。

注

(1) 「年表」、前掲『図書館情報学用語辞典 第5版』、「JapanKnowledge」(https://japan knowledge.com) 〔2024年3月3日アクセス〕

(2) 国史大辞典編集委員会編『国史大辞典』全15巻、吉川弘文館、1979—97年

(3) 日本史広辞典編集委員会編『日本史広辞典』山川出版社、1997年

(4) 世阿弥編、川瀬一馬校注・現代語訳『花伝書(風姿花伝)』(講談社文庫)、講談社、1972年

(5) 山住正己／中江和恵編注『子育ての書 1』(東洋文庫)、平凡社、1976年

(6) 久松潜一／西尾實校注『歌論集 能楽論集』(「日本古典文学大系」第65巻)、岩波書店、1961年

(7) 世阿弥『現代語訳 風姿花伝』水野聡訳、PHP エディターズ・グループ、2005年

(8) 『よみがえる日本の城4 姫路城』(歴史群像シリーズ)、学習研究社、2004年

(9) 榊原喜佐子『殿様と私』草思社、2001年

(10) 児玉幸多編『日本史年表・地図 第20版』吉川弘文館、2014年

(11) 加藤友康／瀬野精一郎／鳥海靖／丸山雍成編『日本史総合年表 第二版』吉川弘文館、2005年

(12) 『日本大百科全書 18』小学館、1987年

(13) 小倉慈司『事典 日本の年号』吉川弘文館、2019年

(14) 笹間良彦編著『資料・日本歴史図録』柏書房、1992年

(15) 石井孝『日本開国史』吉川弘文館、2010年

(16) 後藤敦史『開国期徳川幕府の政治と外交』有志舎、2015年

(17) 上白石実『幕末期対外関係の研究』吉川弘文館、2011年

(18) 佐野真由子『幕末外交儀礼の研究 ——欧米外交官たちの将軍拝謁』思文閣出版、2016年

(19) 国史大辞典編集委員会編『国史大辞典 1 あ—い』吉川弘文館、1979年

(20) 『日本史大事典 1 あ〜お』平凡社、1992年

第20回

国・地方自治体について調べる

第1章
調査の基本

1 言葉の定義

『図書館情報学用語辞典 第5版』では、白書を次のように定義している。

> 政府が発表する、行政、経済、国民生活、教育などの各分野に関する公式報告書。国のその分野の現状と施策の動向、今後の見通しなどが書かれている。名称は、英国で白い紙表紙で刊行されたことに由来する。日本では、1947（昭和22）年、片山内閣が発表した『経済白書』が始まりといわれる。政府刊行物の代表例であるが、現在では、民間の出版物にも、特定の分野の現状分析を行い、会社、団体の動向を書いたものを「白書」と称して刊行する場合がある。[1]

2 調査の基本的な流れ

　図書館に寄せられる国・地方自治体に関する問い合わせで多いのは、日常生活に影響する施策や自分が住んでいる自治体に関する情報である。図20-1は、調査の基本的な流れを示している。国の施策や力を入れている課題については、①「e-Gov」、②「政府広報オンライン」を調べると知ることができる。例えば、マイナンバーカードとマイナポイントに関する質問を図書館で受けることが多いが、①と②を見ればそれらの情報を入手することができる。自分たちが住む地域でどういった対応をしているのかについては、④自治体のウェブサイトを検索をすれば具体的に知ることができる。

第1章　調査の基本　189

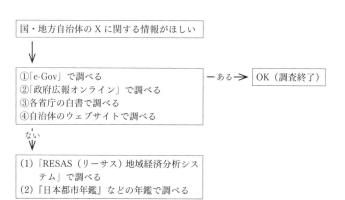

図20-1　国・地方自治体の調査の基本的な流れ（筆者作成）

　③各省庁が発行している白書は、インターネットで閲覧できるので便利である。それぞれの省庁が力を入れている取り組みや作成している統計が整理されているので、質問の回答を作るのに利用できることが多い。

　生活に密着したこのような質問以外で図書館によく寄せられるのは、「A市とB市の財政力指数はどちらが上なのか」とか「C市とD市では、犯罪認知件数はどちらが多いのか」などの自治体間の比較やランキングである。こうした問い合わせを受けた場合には、地域経済分析システムである(1)「RESAS（リーサス）地域経済分析システム」を用いてデータを抽出したり、(2)『日本都市年鑑』などの年鑑で調べたりすることができる。

第2章
調査に使用する情報資源

1　インターネット情報源

①「e-Gov」（https://www.e-gov.go.jp）
　各府省がインターネットを通じて提供している、行政情報の総合的なポータルサイト。

②「政府広報オンライン」（https://www.gov-online.go.jp）

政府の広報・広聴活動の情報をまとめたポータルサイト。

③「RESAS（リーサス）地域経済分析システム」（https://resas.go.jp/#/13/13101）

　経済産業省と内閣官房デジタル田園都市国家構想実現会議事務局が提供している分析システム。地域経済に関するさまざまなビッグデータを、地図やグラフでわかりやすく表示している。地域人口、地域経済循環、産業構造、企業活動、地方財政などのデータを得ることができる。

④J-LIS（地方公共団体情報システム機構）「全国自治体マップ検索」（https://www.j-lis.go.jp/spd/map-search/cms_1069.html）

　地方公共団体のウェブサイトのリンク集である。

⑤「全国官報販売協同組合」（https://www.gov-book.or.jp）

　国の発行物について知ることができる。「官報」の総合窓口として、政府刊行物関連書籍の販売、「官報」定期購読、官報公告の申し込み方法について紹介している。

2　紙媒体の情報源

①シュハリ・イニシアティブ『国会便覧 令和5年8月新版 156版』シュハリ・イニシアティブ、2023年

　国会議員のプロフィルをカラーの顔写真付きで紹介。内閣一覧表、衆参各議院役員等一覧表、議員宿所・秘書名一覧表、政党役員名簿、官公庁幹部職員名簿（抄録）なども収録している。

②全国市長会編『日本都市年鑑 2023 Vol. 81』第一法規、2023年

　東京23区を含む全国各市について、概要や市域・人口、市政、財政、都市計画・住宅土地、生活環境、社会福祉・社会保険、教育・文化、公営企業、交通、災害・事故・感染症、産業・経済のデータを収録している。

③市町村要覧編集委員会編『全国市町村要覧 令和5年版』第一法規、2023

年

　全国の市区町村別の人口、世帯数、面積、人口密度、高齢者人口、産業別就業人口、国勢調査人口および増減の状況、市区町村長名・議会議長名、合併および境界変更などの状況について、最新の情報に基づいて収録している。

④『都市データパック 2023』(Data Bank SERIES)、東洋経済新報社、2023年

　全国47都道府県・815市・特別区、926町村の最新情報をそれぞれの自治体ごとにコンパクトにまとめたデータ集。面積、人口・世帯、財政、医療・福祉、環境・安全などをランキングで掲載、住みよさランキング、財政健全度ランキングも収録している。

⑤矢野恒太記念会編『データでみる県勢 2024 第33版』矢野恒太記念会、2023年

　47都道府県の現状を代表的な統計指標を使って示し、多数の社会・経済統計で府県別に比較して、全国792市、東京23区、926町村の主要統計を掲載している。最新のデータをもとに、地方の情勢を明らかにする。

⑥日本加除出版編集部編『第3版 旧市町村名便覧——明治22年から現在まで（令和4年4月1日現在）』日本加除出版、2022年

　1889年（明治22年）から現在までに消滅または改称したためにかつての名称を残していない旧市町村について、現在どの市町村にあたるかを簡便に示している。

第3章
事例

　レファレンスの実例を2件挙げよう。

①問い合わせ：和歌山県と滋賀県の特産物など、両県の特徴がわかる本を探している。

対応：①『郷土資料事典 30 和歌山県』[3]、②『郷土資料事典 25 滋賀県』[4]、③『データでみる県勢2007』[5]、④『近畿Ⅰ』[6]、⑤『近畿Ⅱ』[7]、⑥『なんでもひける日本地図』[8]を提供した。③と⑥は県別に情報がよくまとまっているので役に立つ。③は自館には2007年のものしかなかった。

②問い合わせ：テレビや新聞で児童虐待が話題になることがある。児童虐待には暴行や保護責任者遺棄以外にどのようなものがあるのか、またできれば、それぞれの検挙された件数の内訳を、わかる年だけでもいいので知りたい。

対応：『令和元年版 犯罪白書』[9]の309ページに「4-6-1-1 図児童虐待に係る事件・検挙件数・検挙人員の推移（罪名別）」がある。2018年までしかないが、検挙件数の内訳は以下のとおりである。逮捕監禁：5、保護責任者遺棄：22、強制わいせつ：101、強制性交等：83、重過失致死傷：3、暴行：455、傷害：572、殺人：52、その他：87。以上の内容を来館者に伝えた。

第4章
演習

　主に第2章「調査に使用する情報資源」で紹介した情報資源を用いて、以下の問い合わせに回答しなさい。

①2021年度の青森市の病院の病床数の総数と一日平均患者数を知りたい。
②2021年の千人あたりの刑法犯認知件数が最悪の自治体（市区レベル）はどこで、どれくらいの件数か知りたい。
③東京の昭島市は合併などを経てどのようにして現在の市域になったのか知りたい。
④第198回国会の政治倫理審査会会長は誰なのかを知りたい。
⑤災害ボランティア活動の始め方について、参考になる情報を教えてほしい。

注

(1)「白書」、前掲『図書館情報学用語辞典 第5版』、「JapanKnowledge」(https://japan
　　knowledge.com)［2024年3月3日アクセス］
(2)　全国市長会編『日本都市年鑑』第一法規、2023年—
(3)　ゼンリン『郷土資料事典 30 和歌山県』ゼンリン、1997年
(4)　ゼンリン『郷土資料事典 25 滋賀県』ゼンリン、1997年
(5)　矢野恒太記念会編『データでみる県勢2007』矢野恒太記念会、2006年
(6)　平岡昭利／野間晴雄編『近畿Ⅰ』(地図で読む百年)、古今書院、2006年
(7)　平岡昭利／野間晴雄編『近畿Ⅱ』(地図で読む百年)、古今書院、2006年
(8)　成美堂出版編集部編『なんでもひける日本地図』成美堂出版、2019年
(9)　法務総合研究所編『令和元年版 犯罪白書 —— 平成の刑事政策』法務総合研究所、
　　2019年

第21回

ビジネスについて調べる

第1章
調査の基本

1 言葉の定義

『日本国語大辞典 第二版』では、決算公告を次のように定義している。

> 企業が定時総会で承認された計算書類のうち、貸借対照表を官報、新聞
> などで告げ知らせること。(1)

「デジタル大辞泉」では、有価証券報告書を次のように定義している。

> 有価証券を発行している企業が自社の情報を開示するために作成する報
> 告書。金融商品取引法により作成・提出が義務づけられている。有価証
> 券の公正な取引や投資家の保護を目的とするもので、事業年度終了後3
> か月以内に金融庁に提出する。企業の概要・事業の状況・株式の状況・
> 財務諸表などが記載されている。有報。(2)

2 調査の基本的な流れ

　図書館で受けるビジネスに関する問い合わせは、企業情報や業界情報、市
場動向、資格に関する情報、創業の手順などについてが多い。具体的には、
ライバル会社の情報、提携予定先・仕入先の情報、投資予定・就職予定先の
調査などだが、たいていの来館者はインターネットで調べられることはすで
に知っている。そのため図書館員は、速報性と信頼性がある情報を得られる

第1章　調査の基本　　195

図21-1　ビジネスの調査の基本的な流れ（筆者作成）

データベースを使って調査する必要がある。

　図21-1は調査の基本的な流れを示している。①「日経テレコン」は第12回「新聞・新聞記事を探す」の第2章「調査に使用する情報資源」ですでに紹介したが、約2万社の企業概要・売上構成・貸借対照表（要約）・損益計算書（要約）などを収録していて、約30万件の人事情報を検索して閲覧できる。②企業情報データベースの「総合企業情報データベース eol」については、次章で詳しく紹介する。③「官報情報検索サービス」は第5回の表5-1ですでに紹介しているが、1947年5月3日から直近までの「官報」の内容を日付やキーワードから検索して読むことができる。企業のウェブサイトに決算公告が載っていないときは、「官報」に決算公告を掲載している企業もあるので、これが役に立つ場合がある。④「MieNa（市場情報評価ナビ／ミーナ）」は特定の地域の商圏分析をおこなうことができ、⑤「EDINET」は直近5年のうちに提出された有価証券報告書を閲覧できるので、必要ならこうした情報源を使うといいだろう。ただし、金融庁が運営する⑤「EDINET」以外は、図書館が有料契約を結んでいないと使えない。

　紙媒体の情報資源では、(1)専門紙・業界紙、(2)専門雑誌、(3)信用調査会社

などが発行している資料、(4)『○○業界地図』や『○○業界研究』などの図書がある。(1)を利用すれば一般紙には載らない専門的な情報や統計、最新の業界動向を知ることができ、人事や経営状況などに関する情報には速報性がある。(2)は特定の業界について詳しい情報を得たい場合に使える。例えば「ヤノニュース」は、百貨店、アパレル、宝飾関係などの専門雑誌として定評がある。(3)には『帝国データバンク会社年鑑』や『業種別審査事典』⁽³⁾など、(4)には『日経業界地図』や秀和システムが出版する「図解入門業界研究」シリーズなどがある。

これらはそれぞれ掲載項目が異なり、また、業界情報の情報源にも企業情報が掲載されていることがあるので、単一の情報源を見るだけで調査を終えずに、複数の情報源を参照したほうがいい。

第2章
調査に使用する情報資源

1　インターネット情報源

「EDINET」（https://disclosure2.edinet-fsa.go.jp）
　有価証券報告書、有価証券届出書、大量保有報告書、公開買付届出書などの開示書類を検索し閲覧することができる。

2　商用（有料）データベース

①「MieNa（市場情報評価ナビ／ミーナ）」（https://www.nihon-toukei.co.jp/solution/miena/）
　創業を考えるとき、顧客拡大・店舗立地を検討するうえで、地域性を知りたい場合などに役に立つ。店舗の候補地の周囲500メートル／1キロメートル／3キロメートル／5キロメートル圏について、成長性、富裕度、吸引度、消費購買力などの評価のレポートを見ることができる。また、その結果を地図上に塗り分けて表示できる。

②「総合企業情報データベース eol」（https://www.indb.co.jp/service/corporate_

data/eol/）

　約7,000社の企業概要、有価証券報告書、財務データ、マーケット情報を検索して閲覧することができる。

③「官報情報検索サービス」（https://search.npb.go.jp/kanpou/auth/login/Login-StartUp.form）

　1947年5月3日の日本国憲法施行日以降、当日発行分までの「官報」に記載されている内容を検索して表示できる。

3　紙媒体の情報源

①帝国データバンク『帝国データバンク会社年鑑 東日本1 金融機関 東京都 北海道 104版 2024』帝国データバンク、2023年

　日本全国の銀行、信用金庫、信用組合、商工組合またはそれらの連合体、および一定の基準を満たす法人企業から、有力・優良企業を厳選。各企業の動向を捉えることができる最新情報を掲載している。

②『2023年版 東商信用録 関東版』上、東京商工リサーチ東京支社、2023年

　TSR（東京商工リサーチ）データベースの企業情報ファイルから有力企業・新興企業を精選し、経営状況についての最新データを収録している。関東版は、関東および山梨県・新潟県の1都8県の企業情報を掲載している。

③『会社四季報 2024年1集 新春号』東洋経済新報社、2024年

　3,935社の上場銘柄すべてについて、正確なデータと調査に基づく最新情報を提供し、さまざまなランキングも掲載している。

④『会社四季報 未上場会社版 2024年版』東洋経済新報社、2023年

　未上場会社4,045社の正確なデータと最新情報を掲載している。

⑤帝国データバンク『全国企業あれこれランキング』帝国データバンク、2023年

　売上高、売上高営業利益率、自己資本比率など、さまざまな角度から全国

の企業のランキングを収録している。

⑥金融財政事情研究会編『業種別審査事典 第1巻 第15次 農業 畜産 水産 食料品 飲料 分野』金融財政事情研究会、2024年

金融機関が融資・審査および営業をおこなう際に役立つ、業種別取引事典。各業界の動向をはじめ、業務内容・特性、業種分析のポイント、経営支援の勘どころなどを解説していて、第1巻は、農業・畜産・水産・食料品・飲料業界の情報を収録している。

⑦中小企業動向調査会編著『業種別業界情報 2024年版』経営情報出版社、2024年

中小企業を中心に企業活動の情報を業種別に収集し、詳細に分析している。商・工・サービス業350業種の動向と最新情報が一目でわかる。

⑧日本経済新聞社編『日経業界地図 2024年版』日経BP、2023年

企業の勢力関係や提携・出資関係、シェア、ランキングなど、業界・企業の現状と将来の展望を豊富なグラフ・表で解説している。

⑨「TDB REPORT ／業界動向」帝国データバンク、2023年

業界の最新の動向と今後の展望を個別企業の業績と動向、統計データによって示すレポート集。

⑩全社横断プロジェクト推進室調査・編『2023年版 日本マーケットシェア事典』矢野経済研究所、2023年

37業種／105分野の業界動向、654品目のマーケットシェアを網羅し、市場の動向、企業の動向、市場規模、企業別売上高などを掲載している。

⑪「ヤノニュース」矢野経済研究所、1958年―

1958年の創刊以来、百貨店、ショッピングセンター、各種小売業についての調査・分析や、アパレル、ファッション、ジュエリー・アクセサリー、スポーツなどの分野を中心に注目企業、成長市場を網羅した月刊調査レポート。

第3章
事例

　ビジネスにまつわるレファレンスの実例を2件紹介しよう。

①問い合わせ：1970年の港区の地図に載っている「東京陶器商会」という会社が何をしていたか知りたい。

対応：港区の住宅地図を確認したところ、1963年度の地図で会社の記載が確認できたが、1976年度版からは会社の記載がなくなっていた。『港区商工名鑑1965』[5]52ページの「卸売業・小売業」の章（家具・建具・什器卸売業）に次の記載があった。「代表者：花輪良輔、所在地：芝5-10-11、電話：451-8186、営業品目：陶磁器」。さらに、『港区商店名鑑1968』『日本会社録第5版』[6]『会社年鑑 上場会社版 1969』[7]『会社総鑑1969未上場会社版』[8][9]などを確認したが、これらには記載がなかった。

②問い合わせ：福祉団体を立ち上げるために、中国地方に本社がある企業に協力依頼の手紙を書きたいので、同地方の主な企業の役員の名前と上場か非上場かを知りたい。担当者が異動してしまうと困るので、それを知るための手段も教えてほしい。また、同地方の経済状況などもできれば知りたい。

対応：企業情報は、『帝国データバンク会社年鑑』や「会社四季報」[10]などで調べた。人事に関しては、幹部の異動であればその業界の業界紙に載ることがある。また、中国地方の経済状況に関しては、各種参考資料とインターネットで調査した。以上を踏まえて役員名・上場の有無については『帝国データバンク会社年鑑2018西日本 2 第98版』[11]「会社四季報」（2018年3集夏号）、『会社四季報 未上場会社版 2018年上期』[12]を来館者に案内した。異動に関しては、自館が所蔵する業界紙のリストと『仕事に役立つ専門紙・業界紙』に掲載されている全業界紙のリストを案内した。経済状況に関しては、参考調査室にある都市年鑑類を案内した。

200

第4章

演習

　主に第2章「調査に使用する情報資源」で紹介した情報資源を用いて、以下の質問に回答しなさい。

①HISの2022年10月決算期の売上高と配当総額を知りたい。可能なら格付け概況も知りたい。

②田中貴金属工業の2021年と22年の社員採用数を知りたい。

③ホテル・旅館のカテゴリーで、アパホテルの純利益ランキングは何位かを知りたい。

④国内の真珠の主な流通経路について知りたい。

⑤AI関係の企業で画像認識に力を入れているところを2社程度教えてほしい。

注

(1)「決算公告」、日本国語大辞典第二版編集委員会／小学館国語辞典編集部編『日本国語大辞典 第二版』第4巻、小学館、2002年、「JapanKnowledge」（https://japanknowledge.com）［2024年3月3日アクセス］

(2)「有価証券報告書」、前掲「デジタル大辞泉」、「JapanKnowledge」（https://japanknowledge.com）［2024年3月3日アクセス］

(3) 金融財政事情研究会編『業種別審査事典』金融財政事情研究会、2024年—

(4) 日本経済新聞社編『日経業界地図』日経BP、2024年—

(5) 港区編『港区商工名鑑1965』港区、1965年

(6) 港区商店街連合会編『港区商店名鑑1968』港区商店街連合会、1968年

(7) 交詢社出版局編『日本会社録 第5版』ぎょうせい、1967年

(8) 日本経済新聞社編『会社年鑑 上場会社版 1969』日本経済新聞社、1968年

(9) 日本経済新聞社編『会社総鑑1969未上場会社版』日本経済新聞社、1969年

(10)「会社四季報」東洋経済新報社、1936年—

(11)『帝国データバンク会社年鑑2018西日本 2 第98版』帝国データバンク、2017年

(12)『会社四季報 未上場会社版 2018年上期』東洋経済新報社、2017年

第22回

法令・判例について調べる

第1章
調査の基本

1 言葉の定義

『法律用語辞典 第5版』では、法令を次のように定義している。

> 国会が制定する法律及び国の行政機関が制定する命令を合わせて呼ぶと
> きに用いられる語。しかし、場合によっては、地方公共団体の制定する
> 条例や規則、最高裁判所規則等の各種の法形式を含めていうこともあ
> る。(1)

『法律用語辞典 第5版』では、判例を次のように定義している。

> 裁判の先例。個々の判決をいう場合もある。英米法系諸国では判例法主
> 義がとられ、先例拘束性の原則により判例は法的拘束力を有するが、大
> 陸法系諸国では、その拘束力は事実上のものにすぎない。判例法主義を
> とらない我が国でも、最高裁判所がその判例を変更する際は大法廷によ
> らなければならず、また、下級裁判所が最高裁判所等の判例に違反した
> 場合には上告理由あるいは上告受理申立て理由となる。実際上、判例の
> 拘束力は大きく、制定法を補充している例も少なくない。(2)

2 調査の基本的な流れ

図書館に寄せられる法律関係の問い合わせは、騒音などの近隣トラブルや

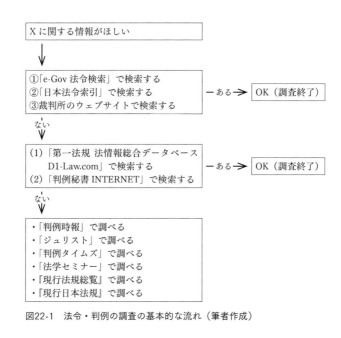

図22-1　法令・判例の調査の基本的な流れ（筆者作成）

交通事故への対応のために参考になる図書を借りたいといった、日常生活にまつわる問題に関する内容が多い。関係する法令や裁判の判例について調査することもある。

　図22-1は、調査の基本的な流れを示している。まずはインターネットで無料で利用できるサイトで調べてみる。法令を探すなら、①「e-Gov 法令検索」と②「日本法令索引」で検索する。判例は③裁判所のウェブサイトで検索することができる。以上を使って必要な情報が得られない、あるいはもっと詳しく知りたい場合は、図書館が契約している法律関係の商用（有料）データベースで調査する。公立図書館が契約しているのが多いのは、(1)「第一法規 法情報総合データベース D1-Law.com」、(2)「判例秘書 INTERNET」の順である。紙媒体ならば、法律系雑誌と加除式の『現行法規総覧』[3]や『現行日本法規』[4]を用いる。

　法令を調べる場合、法律、政令・省令・規則、告示、通知・通達のどれに該当するのかが明確でないと、検索で見つけることができない。また、検索してもヒットしない場合の原因として、正式名称ではなく略称や通称名で検索していたということがよくある。それ以外では、調査対象の法令がすでに

効力を失っているために検索できないということも考えられる。なお、法令は「官報」に掲載することで公布されるが、通知・通達は「官報」に掲載されないので「官報」を探しても見つからない。

判例を調べるには、判例情報を掲載する雑誌の略称を知らなければならない。例えば、「ジュリスト」は「ジュリ」、「判例タイムズ」は「判タ」という略称が用いられる。判例は有料データベースで検索すると便利で、収録判例も最も多い。例えば、「第一法規 法情報総合データベース D1-Law.com」は約29万件の判例を収録している。次に判例数が多いのは、裁判所のウェブサイトである。ただし、事件総数に対して公開されている判例は1%にも満たない。なお、民事事件については記録の閲覧請求は可能だが、利害関係がない第三者は謄写はできない。刑事訴訟については訴訟終了後なら閲覧請求は原則として可能だが、非公開・閲覧不可の場合もある。

第2章
調査に使用する情報資源

1　インターネット情報源

①「e-Gov 法令検索」（https://laws.e-gov.go.jp）
　現行で施行されている法令（憲法・法律・政令・勅令・府省令・規則）が検索できる。

②「日本法令索引」（https://hourei.ndl.go.jp/）
　1886年（明治19年）2月の公文式施行以後の法令と、帝国議会および国会に提出された法案を検索できる。また、法令の改廃経過や法案の審議経過なども参照できる。

③衆議院「制定法律情報」（https://www.shugiin.go.jp/internet/itdb_housei.nsf/html/housei/menu.htm）
　国会の会期ごとの制定法律を参照することができる。

④「裁判例検索」（https://www.courts.go.jp/app/hanrei_jp/search1）

各判例の検索ができる。

2　商用（有料）データベース

①「第一法規 法情報総合データベース D1-Law.com」（https://www.daiichiho-ki.co.jp/d1-law/index.html）

　法令「現行法規」、判例「判例体系」、法関連文献情報「法律判例文献情報」が検索できる。

②「判例秘書 INTERNET」（https://www.hanreihisho.com/hhi/）

　1948年以降発行の40数種類の公式判例集と商業判例雑誌約2万冊に掲載された判例に加えて、大審院判決録・大審院判例集に掲載された判例ならびに裁判所から独自に入手した重要判例を収録している。法律雑誌・文献計11誌の内容も参照できる。

③「Westlaw Japan」（https://www.westlawjapan.com）

　法令、判例、審決等、書籍・雑誌、文献情報、ニュース記事など、あらゆる法律情報が検索可能な判例、法令データベースを掲載している。

④「TKC ローライブラリー」（https://www.tkc.jp/law/lawlibrary/）

　判例・法令・文献情報などが検索できる。「LEX ／ DB インターネット」（公正取引委員会審決含む）、「新・判例解説 Watch」「公的判例集データベース」「法律関係リンク集」「日経四紙からの選りすぐり情報」で構成される。

3　紙媒体の情報源

①佐伯仁志／大村敦志／荒木尚志編集代表『六法全書 令和5年版 I 公法 刑事法 条約』有斐閣、2023年

　法律専門家だけでなく、国民にとって必要な法令を幅広く収録する総合法令集。2023年版（令和5年版）では、「法人等による寄附の不当な勧誘の防止等に関する法律」、経済安全保障推進法、国際卓越研究大学法などを新たに収録している。

②勝野正章／窪田眞二／今野健一／中嶋哲彦／野村武司編『教育小六法2024』学陽書房、2024年

　学校教育・社会教育・教育行政に携わる人々と教育学を学ぶ人々のための、実務と学習に便利な法規集。2024年版は、学校教育法施行令などの改正についての情報を盛り込み、よりコンパクトにリニューアルした。

③佐伯仁志／道垣内弘人／荒木尚志編集代表『有斐閣判例六法 令和6年版』有斐閣、2023年

　重要判例を主要法令の条文に即して整理し、各条文とともに内容を簡潔に説明している。過去に成立した「カタカナ法令」を平仮名化して表記していて読みやすい六法。判例約1万2,600件、法令139件を収録している。民法、刑法、刑事訴訟法の改正に対応した2024年版（令和6年版）。

④「判例時報」判例時報社

　月3回発行される雑誌で、判例関係情報や法的時事を紹介している。略称は「判時」。

⑤有斐閣編「ジュリスト」有斐閣

　ビジネスに関係する法律を主に扱う特集と判例記事を中心に掲載していて、日常業務にとても役に立つ月刊雑誌。略称は「ジュリ」。

⑥「判例タイムズ」判例タイムズ社

　全国の判例情報のなかから実用性が高いものを選んで紹介している。略称は「判タ」。

⑦「法学セミナー」日本評論社

　各種法律関係の試験を目指す人にも役立つ、法律についての解説を掲載している月刊雑誌。略称は「法セ」。

⑧日弁連交通事故相談センター東京支部編『民事交通事故訴訟損害賠償額算定基準 2023 上巻 基準編』日弁連交通事故相談センター東京支部、2023年

東京地裁の実務に基づいて賠償額の基準を示し、参考になる判例を掲載している。毎年2月に改訂版を発行。通称は「赤い本」。

⑨東京地裁民事交通訴訟研究会編『民事交通訴訟における過失相殺率の認定基準 全訂5版』判例タイムズ社、2014年
「別冊判例タイムズ 民事交通訴訟における過失相殺率の認定基準 全訂四版」の改訂版。「歩行者と自転車との事故」や「駐車場内の事故」などの全訂4版が扱っていなかった事故類型について、過失相殺率の認定基準を追加した。

⑩労災サポートセンター『労災補償 障害認定必携 第17版』労災サポートセンター、2020年
障害補償制度の沿革、障害等級認定の基本的な考え方、障害等級の認定方法など、障害等級認定実務についてわかりやすく解説している。

⑪『全国弁護士大観2019 第21版』法律新聞社、2019年
全国の弁護士の写真、本籍地、出身地、事務所の住所、電話番号、主な取扱業務または得意分野、趣味、主な著書、メールアドレス、ウェブサイトのアドレスなどを掲載している。

⑫衆議院法制局／参議院法制局編『現行法規総覧』全103巻、第一法規、1950年、加除式
衆議院と参議院の両議院法制局が編集した現行法令集。

⑬法務省大臣官房司法法制部編『現行日本法規』ぎょうせい、1949年―、加除式
効力を有するすべての法令を収録する、最も決定的な総合法規集。

第3章
事例

法律に関連するレファレンスの実例を3件紹介しよう。

①問い合わせ：アイヌ文化振興法（略称）の全文が載っている資料を見たい。有斐閣に電話し、有斐閣の『六法全書』には載っていないことは聞いた。その担当者はどこかの出版社の『六法』に載っている、と言っていた。
対応：データベース「LexisNexis」やウェブサイト上で全文は確認できたが、紙媒体のものを望んでいる。『現行日本法規 第27編 文化』[6]3911ページに掲載されていた。正式名称は「アイヌ文化の振興並びにアイヌの伝統等に関する知識の普及及び啓発に関する法律」。来館者にこの図書を案内した。

②問い合わせ：面接交流調停についての本はあるか。
対応：『法律用語辞典 第5版』で「面接交流調停」という言葉を調べたところ、「面接交渉」という項目があった（319ページ）。親族法に関する言葉だったので、書架にあるNDCの324.6の「親族法、家族法」の本をざっと見た。言葉の意味ではなくその方法を知りたいということだったので『Q&A離婚をめぐる親子の法律と実務』[7]（324.6キ）の第6章「面接交渉」を案内した。なお、「面会交流」という言葉を使っている図書もあった。

③問い合わせ：選挙にまつわる憲法の論点のうち、「一票の格差」以外に関することについて参考になる図書資料や記事、判例があれば教えてほしい。
対応：判例は裁判所のウェブサイトで探すことができる。「トップページ」＞「裁判例情報」＞「検索条件指定画面」＞「総合検索」にキーワード「選挙」を入力すると、選挙に関する最近の判例を探すことができる。図書資料については質問内容が幅広いため、選挙に関する基本的なものだけにならざるをえないが、次の参考資料を案内した。
久米郁男／田中愛治／河野勝『現代日本の政治 新訂』（放送大学教材）、放送大学教育振興会、2007年
飯尾潤『現代日本の政治 改訂版』（放送大学教材）、放送大学教育振興会、2019年
藤井厳喜『若い有権者のための政治入門——18歳から考える日本の未来』勉誠出版、2016年
大野一夫編著『イラストで学べる選挙制度 第2巻 選挙制度と政治』汐文社、2009年

上脇博之『ここまできた小選挙区制の弊害——アベ「独裁」政権誕生の元凶を廃止しよう！』あけび書房、2018年

第4章
演習1

　主に第2章「調査に使用する情報資源」で紹介した情報資源を用いて、以下の質問に回答しなさい。

①「国際観光文化都市の整備のための財政上の措置等に関する法律」は、まだ効力があるのか。
②「ヒトに関するクローン技術等の規制に関する法律」施行規則を読みたい。
③あはき法を読みたい。
④風営法を読みたい。
⑤ジス法を読みたい。

第5章
演習2

　主に第2章で紹介した情報資源を用いて、以下の問い合わせに回答しなさい。

①弁護士の橋下徹が出演しているテレビ番組で、いわゆる「光市母子殺害事件」として報道されている事件の弁護団の弁護士21人を懲戒請求するよう視聴者に呼びかけたことがあった。このことについて、弁護団弁護士は橋下を訴えて裁判になったと思う。おぼろげな記憶では、弁護団弁護士らが被った精神的苦痛が社会通念上そこまでとはいえないため、損害賠償は認められないという判決になったような気がする。記憶が曖昧なのでこの裁判の判決文を読みたい。

②かわかみじゅんこの漫画が原作の有村架純主演のドラマ『中学聖日記』を見て、淫行についての事件を思い出した。おぼろげな記憶だと、高校の先生

と生徒の関係が「淫行」に当たるか否かという裁判が実際にあったと思う。裁判は、最高裁まで進んだような気がしたので、そのときの判例を読みたい。

③バイクで小学校の校庭横の道路を走っていた高齢者が、その校庭から転がり出てきたサッカーボールを避けようとして転倒して負傷し、その後死亡した。遺族はサッカーボールを蹴った少年と両親を相手に損害賠償責任を求めて裁判になり最高裁まで進んだのだが、そのときの判決文を読みたい。

④Aは、交通事故で死亡しなければ、高校卒業後に自分の父親が経営する会社に就職するつもりだった。その会社の経営は安定しているのでその会社の報酬や賃金を考慮すると、大学卒業者男子の全年齢平均年収である680万7,600円の収入を得る蓋然性は高いと認められるから、これを基礎年収として逸失利益を算出するのが相当、という判決が出た裁判があったと思う。その判決文が読みたい。

⑤視聴覚障害者が盲導犬とともに横断歩道を横断中に右折する自動車と衝突し、骨折などの障害を負い盲導犬は死亡した。このときの裁判で、盲導犬の客観的価値と損害の算定についての考え方が示されたような覚えがある。その裁判の判決文が読みたい。

注

(1)「法令」、前掲『法律用語辞典 第5版』、「JapanKnowledge」(https://japanknowledge.com)[2024年3月3日アクセス]
(2)「判例」、同ウェブサイト
(3) 衆議院法制局／参議院法制局編『現行法規総覧』全103巻、第一法規、1950年、加除式
(4) 法務省大臣官房司法法制部編『現行日本法規』ぎょうせい、1949年—
(5) 東京地裁民事交通訴訟研究会編「別冊判例タイムズ 民事交通訴訟における過失相殺率の認定基準 全訂四版」第16号、判例タイムズ社、2004年
(6) 法務大臣官房司法法制調査部編『現行日本法規 第27編 文化』ぎょうせい、1949年—
(7) 大江千佳／大田口宏／小島幸保／渋谷元宏／昇慶一／檜山洋子『Q&A 離婚をめぐる親子の法律と実務』清文社、2007年

第23回
医療・薬について調べる

第1章
調査の基本

1 言葉の定義

「デジタル大辞泉」では、標準治療を次のように定義している。

　　大規模な臨床試験に基づいて効果の証明された、その時々の最も成績の
　　よい治療法。[(1)]

『日本大百科全書（ニッポニカ）』では、診療ガイドラインを次のように定義
している。

　　特定の病気について、必要な診断や治療の方法を具体的に示した基準。
　　診療指針。医師の判断を助けるほか、医療の質の向上や医療費の効率的
　　使用に役だつ。従来は病院や学閥、有力医師ごとに診療内容の基準が違
　　うことが珍しくなかったが、臨床試験データなどを重視するEBM（根
　　拠に基づく医療）が1980年代から国際的に重視されるようになり、1990
　　年代から日本の各学会がガイドラインづくりに取り組むようになった。
　　1990年（平成2）の日本医師会および厚生省（当時）による「高血圧診
　　療のてびき」、1993年の日本アレルギー学会による「アレルギー疾患治
　　療ガイドライン」、1994年の日本人類遺伝学会による「遺伝カウンセリ
　　ング・出生前診断に関するガイドライン」などが先駆的であった。
　　1999年には厚生省の医療技術評価推進検討会が47疾患について診療ガ
　　イドラインの必要性を報告し、大きな流れになった。日本ではEBMデ

第1章　調査の基本　　211

ータが少ないための限界などはあるが、2001年（平成13）には日本胃癌（いがん）学会による初めての患者用ガイドライン（『胃がん治療ガイドラインの解説 胃癌の治療を理解しようとするすべての方のために』）、2004年には患者団体が参加した喘息（ぜんそく）診療のガイドライン（『EBMに基づいた患者と医療スタッフのパートナーシップのための喘息診療ガイドライン2004』小児編、成人編）など、診療ガイドラインの質は格段によくなりつつある。[2]

「デジタル大辞泉」では、医療用医薬品を次のように定義している。

医薬品のうち、医師の処方に従って、病院の薬局や院外の調剤薬局が患者に提供する薬。効果は高いが副作用の恐れもあり、処方なしに販売できない。処方薬。[3]

「デジタル大辞泉」では、一般用医薬品を次のように定義している。

医薬品のうち、医師の処方箋がなくても、薬局などで自由に買える薬。大衆薬。市販薬。[4]

2　医療・薬の調査の基本的な流れ

　図書館のカウンターにいると、来館者に病気や薬に関する質問をされることがよくある。「糖尿病に関連する図書を読みたい」などの問い合わせはもちろん、「低髄液圧症候群について知りたい」とか「リベルサスの副作用を知りたい」というように、特定の病気や薬についての情報を求められることもある。この場合気をつけたいのは、図書館員は医学の専門家ではないので、医学情報の解釈はできないし、特定の治療法や薬を薦めることもできないということである。来館者の求めに対して適切な疾病の症状や薬の情報を記載した資料を提供することに努め、たとえ尋ねられても症状に対する診断めいたことを述べてはならない。
　病気についての調査の基本的な流れは図23-1のとおりである。まずは、問い合わせを受けた病名や薬の名称を「コトバンク」で検索する。「コトバ

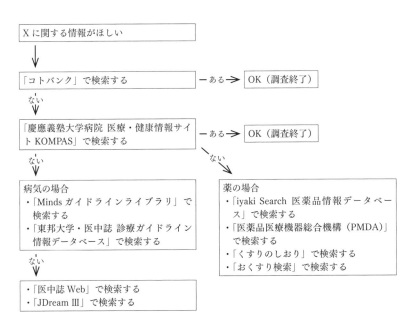

図23-1　医療・薬の調査の基本的な流れ（筆者作成）

表23-1　「コトバンク」搭載医学関係辞書など（筆者作成）

番号	搭載コンテンツ	提供会社
1	ホーム・メディカ 家庭医学館	小学館
2	家庭医学大全科 BIG DOCTOR 六訂版	法研
3	EBM 正しい治療がわかる本	法研
4	からだと病気のしくみ図鑑——生命のかたち・色・メカニズム	法研
5	四訂版 病院で受ける検査がわかる本	法研
6	病院でもらった薬がわかる 薬の手引き 電子改訂版	小学館
7	漢方薬・生薬・栄養成分がわかる事典	講談社
8	内科学 第10版	朝倉書店
9	生活習慣病用語辞典	ヘルスケア・コミッティー

ンク」には百科事典だけではなく、表23-1に示すように『家庭医学大全科 BIG DOCTOR 六訂版』(5)や『内科学 第10版』(6)も搭載している。これを調べた時点で調査が終わることもあるが、「コトバンク」で概略をつかんだうえでより専門的なことを調べる場合は、「慶應義塾大学病院 医療・健康情報サイト KOMPAS」で検索する。

　病気についての調査で、標準的な治療方針を知りたい場合は、「Minds ガ

イドラインライブラリ」または「東邦大学・医中誌 診療ガイドライン情報データベース」でその疾患の診療ガイドラインを調べる。図書館が有料で契約していれば、「医中誌 Web」や「JDream Ⅲ」で関連する文献を検索することもできる。世界の主要医学系雑誌などに掲載された文献を検索したい場合は、無料サイトの「PubMed」で検索できる。

　紙媒体では、『医学書院 医学大辞典 第2版』[7]や『南山堂医学大辞典 第20版』[8]が役に立つ。いずれも最新版が出てからかなり年数がたっているため情報が古くなっている部分もあるが、問い合わせを受けた病気の概要をつかむには有益である。

　薬についての調査も、基本的にはインターネットの無料検索サイトを用いる。その際、医療用医薬品か一般用医薬品か、先発医薬品かジェネリック医薬品かなど、薬の分類に注意する必要がある。薬の検索に用いるウェブサイトは、①「iyakuSearch 医薬品情報データベース」、②「医薬品医療機器総合機構（PMDA）」、③「くすりのしおり」、④「おくすり検索」である。

　①は医療用医薬品と一般用医薬品の添付文書に記載してある情報を検索できる。②は医療用医薬品と一般用医薬品に加え、医療機器の添付文書の情報も検索できる。③は医療用医薬品と注射薬の情報を調べられるうえに、添付文書よりもわかりやすい表現で解説している。④は一般の人向けに薬について説明するサイトで、包装と剤形の画像を掲載していてわかりやすい。薬の添付文書もそのままではなく、編集して読みやすくしている。

　なお、ここで紹介した情報源が提供する情報や知識が、常に最新のものだという保証はない。医療も薬についての知識は常に変化しているが、データベースや検索サイトの情報がその変化に追いついていない場合もあり、注意が必要である。また、病気のありようは人それぞれである。一口に糖尿病や脳卒中といっても、人によって状態も違えば治療法も異なる。図書館で調べられるのはあくまで病気や薬についてのおおよその情報なので、そのことをよく踏まえたうえで質問に回答することである。

第2章
医療・薬の調査に使用する情報資源

1　インターネット情報源

①「慶應義塾大学病院 医療・健康情報サイト KOMPAS」（https://kompas.hosp.keio.ac.jp）
　病気、検査、栄養、薬などの検索ができる。

②「Minds ガイドラインライブラリ」（https://minds.jcqhc.or.jp）
　診療ガイドラインを検索することができる。疾患や特定テーマについての一般向けの解説も掲載している。

③「東邦大学・医中誌 診療ガイドライン情報データベース」（https://guideline.jamas.or.jp）
　主に日本の学会などの機関が作成した診療ガイドラインと、日本の学会などの機関が翻訳した海外の診療ガイドラインの情報について調べることができる。

④「PubMed」（https://pubmed.ncbi.nlm.nih.gov）
　世界の主要な医学系雑誌に掲載された論文の書誌情報を検索することができる。

⑤「iyakuSearch 医薬品情報データベース」（https://database.japic.or.jp/is/top/index.jsp）
　国内外の医薬品の情報を検索することができる。

⑥「医薬品医療機器総合機構（PMDA）」（https://www.pmda.go.jp）
　医療用医薬品、医療機器、再生医療等製品、一般用・要指導医薬品、体外診断用医薬品の検索ができる。

⑦「くすりのしおり」（https://www.rad-ar.or.jp/siori/）

第2章　医療・薬の調査に使用する情報資源　　215

薬について検索でき、わかりやすい表現で薬の添付文書の内容を要約している。

⑧「おくすり検索」（https://search.jsm-db.info）
　処方薬だけでなく薬局・ドラッグストアなどで買える薬も検索できる。一般向けの解説があり、わかりやすい。

2　商用（有料）データベース

①「医中誌 Web」（https://login.jamas.or.jp）
　国内の医学・歯学・薬学・看護学および関連分野の論文情報の検索ができる。

②「JDream Ⅲ」（https://jdream3.com）
　国内外の学術文献や論文の情報を検索できる、日本最大級の文献・論文データベース。医学・薬学関係の文献や論文情報も検索することができる。

3　紙媒体の情報源

①伊藤正男／井村裕夫／高久史麿総編集『医学書院医学大辞典 第2版』医学書院、2009年
　高い信頼性、内容の統合性、項目の網羅性、内容のビジュアル化をコンセプトにした医学辞典。医学・医療のあらゆる分野を網羅し、解説語約5万語と検索語約10万語の解説、カラー写真・図約2,500枚を収録している。

②『南山堂医学大辞典 第20版』南山堂、2015年
　医学を中心にした関連諸領域から選出した見出し語約4万語の解説を収載。用語の定義をはじめ、関連事項、歴史的事項などにもふれ、詳しく説明している。

③日本病院事務研究会『最新・医療用語4200 2019改訂新版』医学通信社、2019年

臨床医学から医療事務関連知識まで、医療機関のチーム医療・協働作業に必要な用語を幅広く収集し、その意味・概要・要点をわかりやすく解説している。関連用語・同義語・略語も網羅。2019年4月時点の情報・制度に準拠。

④福井次矢／高木誠／小室一成総編集、阿部理一郎／安斉俊久／市場正良／上條吉人／亀田秀人／川越正平／木村正責任編集『今日の治療指針——私はこう治療している 2024 ポケット判』医学書院、2024年
　臨床医が日常的によく診療する疾患を網羅し、その分野の専門家が最新の治療法を執筆した治療年鑑。2024年版は、1,181疾患項目について収録している。薬物療法についても具体的な処方例を示す。

⑤堀正二／菅野健太郎／門脇孝／乾賢一／林昌洋編『治療薬ハンドブック——薬剤選択と処方のポイント 2024』じほう、2024年
　日常診療で汎用されている医薬品と再生医療等製品を、実地臨床での区分に基づいて72項目に分類し、使用に関する総説や薬剤リストを掲載している。適応、用法・用量、警告、禁忌、副作用などをすぐに調べることができる。

⑥日本医薬情報センター編『JAPIC 一般用医薬品集2024（要指導医薬品を含む）』日本医薬情報センター、2023年
　現在販売されている一般用医薬品（配置薬を含む）・要指導医薬品約1万品目の情報を収載。医薬品を適正に使用するために、2023年7月7日までに公表された添付文書の情報を収集・整理して紹介している。

⑦一色高明監修、郷龍一執筆『お薬事典——オールカラー決定版！2024－25年版』ユーキャン学び出版、2023年
　薬の名前で引ける事典。病院で処方される内服薬について、その写真、効能効果、値段、重大な副作用、飲み忘れたときの対処方法、ジェネリック薬の写真・値段を掲載。漢方薬と外用薬の写真や値段も収録している。

⑧医薬制度研究会『医者からもらった薬がわかる本 2022－2023年版 第33

第2章　医療・薬の調査に使用する情報資源　　217

版』法研、2022年

　医者から処方されることが多い約1万3,000品目の内服薬・外用薬・一部の注射薬・漢方薬について、薬を安全に使用するために必要な情報を網羅している。

第3章
事例

　医療・薬に関するレファレンスの実例を2件紹介しよう。薬の正式名称を使って質問されることは少ないため、略称で表記している。正式名称を知りたい場合は情報資源を参照してほしい。

①問い合わせ：頸椎後縦靭帯骨化症について知りたい。
対応：頸椎後縦靭帯骨化症をキーワードに図書館システムで検索したが、自館には関係する図書の所蔵がなかった。医学関係の辞典類で調べたところ、『家庭の医学 新赤本 第六版』[9]986ページ、『今日の治療指針 2010』[10]853ページに、「頸椎症性脊髄症（頸椎後縦靭帯骨化症）」の項があった。頸椎後縦靭帯骨化症をインターネットで検索したところ、「goo ヘルスケア」（現在はサービス終了）にも説明があったが、出典が『家庭医学大全科 BIG DOCTOR 六訂版』1360ページだったので、『家庭の医学 新赤本 第六版』『今日の治療指針 2010』とこの本を来館者に提供した。
『今日の治療指針 2010』に、この病気の診療ガイドラインが書かれた図書についての情報が載っていた。『患者さんのための頸椎後縦靭帯骨化症ガイドブック』[11]がそれだが、自館では所蔵していない。この病気は難病に指定されていて、難病情報センターのウェブサイトにも載っていることを来館者に伝えたが、インターネットは使えないということだった。

②問い合わせ：アンデプレ錠について、副作用などがわかる本が見たい。
対応：最初に医薬品医療機器総合機構（PMDA）のウェブサイトで添付文書を検索した。一般名は「トラゾドン塩酸塩」だとわかる。次に医薬品関連の参考資料に当たる。『JAPIC 医療用医薬品集2011』[12]の1741ページに、この薬の重大な副作用とその他の副作用についての記述があった。また、『くす

りの事典』403ページに、「塩酸トラゾドン」が載っていた。一般名の表記が違ったが、製品名のところに「アンデプレ錠」とあったので同一のものと判断した。来館者に以上を案内したが、『くすりの事典』のほうが簡潔に書かれていてわかりやすかったようである。

第4章
演習1

①から⑤の病気について、標準治療を調べなさい。

①大腸がん
②慢性腎不全
③糖尿病
④脳梗塞
⑤狭心症

第5章
演習2

図23-2は、薬のパッケージの写真である。①から⑥の薬について、効能と効果を調べなさい。

第6章
演習3

①から⑤の薬について、効能・効果を調べなさい。

①アレジオン錠10
②ロキソプロフェン錠60mg「EMEC」
③イブA錠
④メジコンせき止め錠Pro
⑤ハイチオールCホワイティア

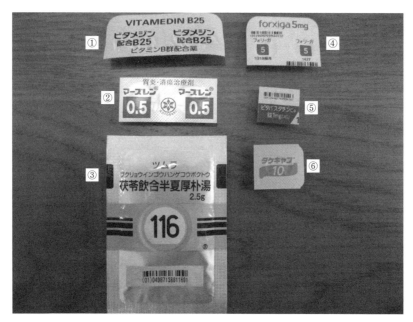

図23-2　薬のパッケージ（筆者撮影）
①ビタメジン配合カプセル B25
②マーズレン配合錠0.5ES
③ツムラ茯苓飲合半夏厚朴湯エキス顆粒（医療用）
④フォシーガ錠5mg
⑤ピタバスタチン Ca 錠1mg「JG」
⑥タケキャブ錠10mg［ヘリコバクター・ピロリ除菌］

注

(1) 「標準治療」、前掲「デジタル大辞泉」、「JapanKnowledge」（https://japanknowledge.com）［2024年3月3日アクセス］
(2) 「診療ガイドライン」、前掲『日本大百科全書（ニッポニカ）』、「JapanKnowledge」（https://japanknowledge.com）［2024年3月3日アクセス］
(3) 「医療用医薬品」、前掲「デジタル大辞泉」、「JapanKnowledge」（https://japanknowledge.com）［2024年3月3日アクセス］
(4) 「一般用医薬品」、同ウェブサイト
(5) 高久史麿／猿田享男／北村惣一郎／福井次矢総合監修『家庭医学大全科 BIG DOCTOR 六訂版』法研、2010年
(6) 矢﨑義雄総編集『内科学 第10版』朝倉書店、2013年
(7) 伊藤正男／井村裕夫／高久史麿総編集『医学書院 医学大辞典 第2版』医学書院、2009

年

(8)『南山堂医学大辞典 第20版』南山堂、2015年

(9)『家庭の医学 新赤本 第六版』保健同人社、2008年

(10) 山口徹／北原光夫／福井次矢総編集『今日の治療指針 2010——私はこう治療している』医学書院、2010年

(11) 日本整形外科学会診療ガイドライン委員会／頚椎後縦靱帯骨化症ガイドライン策定委員会／厚生労働省特定疾患対策研究事業／「脊柱靱帯骨化症に関する研究」班編『患者さんのための頚椎後縦靱帯骨化症ガイドブック——診療ガイドラインに基づいて』南江堂、2007年

(12) 日本医薬情報センター編『JAPIC 医療用医薬品集2011』日本医薬情報センター、2010年

(13) 小林輝明監修『くすりの事典——病院からもらった薬がよくわかる 2009年版』成美堂出版、2008年

第24回
美術について調べる

第1章
調査の基本

　図書館では、美術作品やその作家について質問されることが多い。図24-1は、調査の基本的な流れを示している。作家に関する調査の方法は第17回「人物・団体について調べる」で解説したとおりだが、その方法で調べても回答に至らなければ『美術年鑑』や『美術名典』などの事典類に当たる。

　美術作品の調査は、作品名、作者名、制作年代、技法、所蔵先などを手がかりにしておこなう。まずは聞かれた内容について、事典で調べるといい。おおよその見当がついたら自館のOPACで検索して、関連図書の所蔵の有無を調べる。

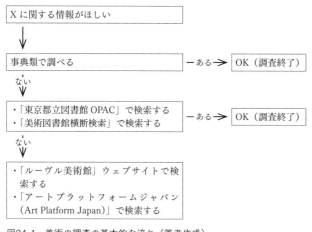

図24-1　美術の調査の基本的な流れ（筆者作成）

探している関連図書が自館の OPAC で見つからなかった場合は、東京都立図書館の OPAC で検索するといい。東京都立図書館では、中央図書館が充実した美術情報コーナーを設置していて、館内に美術情報検索パソコンも置いている。東京都立図書館のウェブサイトの「蔵書検索」のページで、「内容・目次」か「件名」（必要なら両方）の項目を選び、それぞれにキーワードを入力し、さらに絞り込みをおこなうための「補足項目」の「文献識別」で「個人画集」を選んで検索すると、求めている結果がヒットすることが多い。ほかにも、「美術図書館横断検索」のウェブサイトでは、美術図書館連絡会に加盟する美術館の図書館が所蔵している展覧会カタログ、図書、雑誌の検索ができる。これを使えば、外国の作家名の原つづりや、あまり有名ではない作家の作品情報がわかることがある。また、所蔵している図書館に行けば閲覧できる。

　図書ではなくデジタルデータを案内すればいい場合は、デジタルアーカイブの検索をおこなう。例えば、多くの有名な美術品を所蔵しているルーブル美術館のウェブサイトでは、『モナ・リザ』も公開している。ただし一般化している Mona Lisa ではなく、La Joconde のタイトルで検索したほうがヒットするウェブサイトの数が多い。また作品を見るだけではなくダウンロードすることもできる。利用しやすいデジタルアーカイブである。国内では、アートプラットフォームジャパン（Art Platform Japan）が、日本の近現代アートに関する情報を提供している。必要に応じてそれぞれのウェブサイトを検索するか、「ジャパンサーチ」を用いて横断検索をおこなうといい。

第2章
調査に使用する情報資源

1　インターネット情報源

①「東京都立図書館 OPAC」（https://catalog.library.metro.tokyo.lg.jp/winj/opac/search-detail.do?lang=ja）
　補足項目を用いて検索すると多くの検索結果が得られる。

②「美術図書館横断検索」（https://alc.opac.jp/search/all/）

美術図書館連絡会に加盟する図書館の蔵書（展覧会カタログ、図書、雑誌）を横断的に検索できる。

③「全国美術館収蔵品サーチ SHŪZŌ」（https://artplatform.go.jp/ja/collections）
　日本全国の美術館などの収蔵作品が検索できる。

④東京文化財研究所「データベース・資料」（https://www.tobunken.go.jp/japanese/database.html）
　明治時代以降のさまざまな美術情報が検索できる。

⑤国立美術館「所蔵作品総合目録検索システム」（https://search.artmuseums.go.jp）
　東京国立近代美術館、国立工芸館、京都国立近代美術館、国立西洋美術館、国立国際美術館の国立美術館5館の所蔵作品の総合目録を検索できる。

⑥「ルーヴル美術館」ウェブサイト（https://collections.louvre.fr）
　ルーヴル美術館の所蔵品だけでなく、ルーヴル美術館に預けられている作品も検索でき、画像を閲覧することができる。

⑦「アートプラットフォームジャパン（Art Platform Japan）」（https://artplatform.go.jp/ja）
　日本の近現代アートや日本全国の美術館コレクションに関する情報が検索できる。

⑧「e国宝」（https://emuseum.nich.go.jp）
　国立文化財機構の4つの国立博物館と研究所が所蔵する国宝・重要文化財を検索し、画像を閲覧することができる。

⑨「文化遺産オンライン」（https://bunka.nii.ac.jp）
　全国の博物館・美術館から提供された作品や国宝・重要文化財などのさまざまな情報が検索でき、実物の画像を閲覧することができる。

2　紙媒体の情報源

①美術年鑑編集部編『美術年鑑2024 令和6年版』美術年鑑社、2024年

　日本画・洋画・彫刻・工芸・書の現代作家、古美術大総覧、2022年11月から23年11月上旬にかけての美術界の動向や訃報、美術館や博物館、ギャラリーなどのデータを収録している。

②美術名典編集部編『美術名典 2024』芸術新聞社、2023年

　日本画、洋画、版画、彫塑、工芸、書の分野別に作家に関するデータを収録し、2023年の日本国内の美術オークションの動向、文化勲章・文化功労者・日本芸術院賞・芸術選奨などの歴代叙勲・受賞作家も掲載している。

③南邦男／柳橋眞／大滝幹夫監修『人間国宝事典――重要無形文化財認定者総覧 工芸技術編 2012 増補最新版』芸艸堂、2012年

　文化財保護法にのっとって定める「重要無形文化財」のうち工芸技術部門に限定して、文化財に指定された工芸技術、認定の保持者・保持団体について概説している。

④日外アソシエーツ編『西洋美術作品レファレンス事典 第2期 版画・彫刻・工芸・建造物篇』日外アソシエーツ、2019年

　西洋美術全集に掲載されている、古代から現代までに制作された西洋の版画、彫刻、オブジェ、工芸品、建造物などの作品の図版索引。主要な美術全集37種を網羅している。作家名の見出し、邦題名の索引、原題名の索引付き。

⑤日外アソシエーツ編『日本美術作品レファレンス事典 個人美術全集 第Ⅱ期 絵画篇 洋画』日外アソシエーツ、2023年

　2012年以降に国内で刊行された洋画家の個人美術全集とそれに準じる作品集、計79種86冊に掲載されている洋画作品（2万2,229点）の図版索引。

⑥日外アソシエーツ編『東洋美術作品レファレンス事典』日外アソシエー

ツ、2008年

　1945年から2004年に国内で刊行された絵画、彫刻、陶磁器、工芸、建造物などの東洋美術作品を収録した美術全集計30種135冊の図版1万7,835点を網羅した総索引。

⑦日外アソシエーツ編『美術品所蔵レファレンス事典 日本の彫刻・陶磁器・工芸篇』日外アソシエーツ、2021年

　戦後に国内で刊行された美術全集・個人美術全集など計370種1,377冊に掲載されている日本の彫刻・陶磁器・工芸作品（1万7,749点）を作家別に所蔵している美術館などの情報を網羅した図版総索引。

⑧東京国立近代美術館／横浜美術館／国立西洋美術館／東京都写真美術館／東京国立博物館／東京都江戸東京博物館監修、日外アソシエーツ編『展覧会カタログ総覧』日外アソシエーツ、2009年

　明治期から現在までに、国公立7館の美術館・博物館が収集した国内開催の主要な展覧会カタログ6万1,300点の情報を収録している。基礎的な書誌情報に加え、展覧会の会期・会場・主催、展示した作品の収蔵先も記載している。人名・事項名索引、主催者名索引付き。

⑨文化庁協力『国宝事典 第四版』便利堂、2019年

　2018年11月1日時点で、文化財保護法に基づいて国宝に指定されている美術工芸品と建造物全1,115件を、図版とともに解説している。

⑩野口武悟編『写真レファレンス事典 事故・事件・紛争篇 1991〜2021』日外アソシエーツ、2022年

　写真集のタイトルから特定の写真を探し出すことができる。1991年から2021年に国内外で起きた事故・事件・紛争を扱った写真集など160冊を対象に、見出し2,644件、写真1万4,504点を収録している。

第3章
事例

美術に関連するレファレンスの実例を2件紹介しよう。

①問い合わせ：パブロ・ピカソの『丘の上の集落』と『座るアルルカン』が載っている資料が見たい。

対応：『西洋美術作品レファレンス事典 個人美術全集・絵画篇Ⅱ（20世紀以降）⁽¹⁾』で調査した。『丘の上の集落』については、自館で所蔵する『ピカソ美術館 3 空間への冒険⁽²⁾』に『丘の上の家々』というタイトルの絵画が掲載されていたので来館者に案内したところ、この絵が『丘の上の集落』で間違いないということだった。同書には『座るアルルカン』というタイトルの絵画も掲載してあったのであわせて案内したが、これは探している絵画とは違うという。自館が所蔵している多くの資料に掲載されていたのは1923年に描かれた油彩画の『座るアルルカン』だったが、来館者が探しているのはその絵ではなかった。

　来館者にどこでその絵を見たのか尋ねたところ、国立西洋美術館で開催していた展覧会「ピカソとその時代 ベルリン国立ベルクグリューン美術館展」（2022—23年）のウェブサイトだとわかった。同ウェブサイトで確認すると「みどころ」のコーナーの作品紹介に『座るアルルカン』が掲載してあった。1905年に描かれた墨・水彩画で、この展覧会で日本初公開したものだとわかった。

『西洋美術作品レファレンス事典 個人美術全集・絵画篇Ⅱ（20世紀以降）』で再度調べたところ、『ピカソ：1881－1973 1⁽³⁾』に1905年の作品が掲載してあることがわかった。この資料に掲載されている可能性があることを来館者に伝え、同じ自治体内の他館では所蔵していないが隣の自治体の図書館には所蔵があるので内容照会をするかどうかを聞いたところ、その図書館にはたまに行くことがあるので直接出向いてみるということだった。

②問い合わせ：マリー・ローランサン『アポリネールとその友人たち』、ロベール・ドローネー『パリの街』、ジョルジュ・ブラック『大きな裸婦』の絵と解説が載っている資料が見たい。

対応：それぞれいつごろ描かれたのかについて、来館者がメモを持参してくれたのでそれを参考に、『西洋美術作品レファレンス事典 絵画篇 19世紀印象派以降⁽⁴⁾』で調査した。『アポリネールとその友人たち』は『現代世界の美

術 アートギャラリー15』、『パリの街』は『グランド世界美術23 ピカソとマチス』、『大きな裸婦』は『ジョルジュ・ブラック』にそれぞれ掲載されていることがわかり、該当ページの情報も載っていたが、いずれも自館には所蔵がなく、自治体内のほかの図書館で所蔵していた。予約して取り寄せるか所蔵館に直接行ってもらうか、どちらかになると来館者に伝えたところ、いずれも不要だと言われた。

第4章
演習

　主に第2章「調査に使用する情報資源」で紹介した情報資源を用いて、以下の質問に回答しなさい。

①ヨハネス・フェルメールの『レースを編む女』をデジタルアーカイブで見たい。
②ヴェルサイユ展の展覧会カタログは、東京のどこの美術図書館が所蔵しているのか。
③十二代太郎右衛門の『黄唐津叩き壺』は現在どこにあるのか。
④『雲横秀嶺図軸』が見たい。
⑤椿椿山の『藻亀図』が見たい。

注

(1) 日外アソシエーツ編『西洋美術作品レファレンス事典 個人美術全集・絵画篇II（20世紀以降）』日外アソシエーツ、2016年
(2) 『ピカソ美術館 3 空間への冒険』集英社、1992年
(3) カーステン=ペーター・ヴァルンケ著、インゴ・F・ヴァルター編『ピカソ：1881-1973 1』Mariko Nakano 訳、タッシェン・ジャパン、2007年
(4) 日外アソシエーツ編『西洋美術作品レファレンス事典 絵画篇 19世紀印象派以降』日外アソシエーツ、2005年
(5) 中山公男／大岡信／東野芳明編『現代世界の美術 アートギャラリー15』集英社、1985年
(6) 『グランド世界美術23 ピカソとマチス』講談社、1974年
(7) セルジュ・フォーシュロー『ジョルジュ・ブラック』佐和瑛子訳（現代美術の巨匠）、美術出版社、1990年

第25回
文学について調べる

第1章
調査の基本

　文学関連の質問を受けたときは、作家についてであれ作品についてであれ、まずそれが世界文学に属するのか日本文学なのかを判断しないと、具体的な調査を始めることができない。来館者にもそれがよくわからないという場合には、「コトバンク」で検索して概略をつかむ必要がある。図25-1は、調査の基本的な流れを示している。「コトバンク」で大まかな見当をつけたら、日外アソシエーツが提供している「日外レファレンス・コレクション（レファコレ）」を使って検索するといい。ただし、これは商用（有料）データベースなので図書館が契約していないと使えない。もしなければ、図書館が所蔵する紙媒体のレファレンスブックを使って調べる。紙媒体の情報源については、次章の第2節「紙媒体の情報源」で詳しく紹介するので参照して

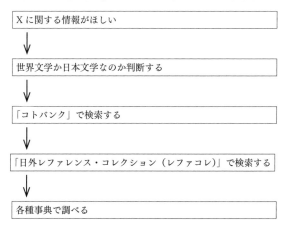

図25-1　文学の調査の基本的な流れ（筆者作成）

ほしい。

第2章
調査に使用する情報資源

1　商用（有料）データベース

　日外アソシエーツの「日外レファレンス・コレクション（レファコレ）」には8つのメニューがあり、そのなかの一つである「日本文学」では以下のレファレンスブックの内容を閲覧することができる。⁽¹⁾

①日外アソシエーツ編『現代日本文学全集綜覧』全35巻、日外アソシエーツ、1982―2023年
　1897年から2022年に日本国内で刊行された文学全集・個人全集（選集、著作集、作品集、戯曲集などを含む）の内容細目集で、収録件数は2万3,820冊。ただし、児童文学の情報は収録していない。

②日外アソシエーツ編『アンソロジー内容総覧――日本の小説』日外アソシエーツ、2006年
　1946年から2016年に日本国内で刊行された近現代小説アンソロジーの内容細目集で、収録件数は3,014件である。

③日外アソシエーツ編『短編小説12万作品名目録』日外アソシエーツ、2001年、同『短編小説12万作品名目録 続 2001－2008』日外アソシエーツ、2009年、同『短編小説7万作品名目録 2009－2013』日外アソシエーツ、2014年、同『短編小説7万作品名目録 2014－2018』日外アソシエーツ、2019年
　1986年から2019年に日本国内で刊行された図書約5万2,000冊に掲載された約31万1,000件の短篇小説の作品名と著者名などを収録している。

④日外アソシエーツ編『日本文学研究文献要覧 古典文学 1975～1984』（20世紀文献要覧大系）、日外アソシエーツ、1995年、勝又浩／梅澤亜由美監

修、日外アソシエーツ編『日本文学研究文献要覧 現代日本文学 2010〜2014』（研究文献要覧）、日外アソシエーツ、2016年

　日本文学に関する研究書と雑誌論文を網羅的に収集した文献目録で、1975年から2014年に日本国内で発表された文献約41万件の情報を収録している。

⑤日外アソシエーツ編『古典芸能作品集内容総覧』日外アソシエーツ、2010年

　1949年から2009年に日本国内で刊行された日本の古典芸能（能楽、狂言、歌舞伎、浄瑠璃、講談、落語、歌謡など）に関する作品集1,258冊の内容がわかる内容細目集。

⑥日外アソシエーツ編『日本古典文学全集・内容綜覧』日外アソシエーツ、2005年

　1945年から2019年に刊行された日本の古典文学全集の内容細目集。約190種2,839冊のすべての原本を調査し、目次に記載がない作品の情報も採録している。

2　紙媒体の情報源

①『世界文学大事典』編集委員会編『集英社 世界文学大事典 1 人名ア〜クリメ』集英社、1996年

　人名、文芸用語、各国文学史など3,200項目を解説している。

②江川卓／川村二郎／河盛好蔵／菅野昭正／佐藤朔／篠田一士／高橋義孝／中村光夫／西川正身編『新潮世界文学辞典 増補改訂』新潮社、1990年

　人名および主要な作者不詳作品、各国文学史、主要な文学ジャンル・流派・思潮の解説を収録している。

③ジェニー・ストリンガー編『オックスフォード世界英語文学大事典』河野一郎日本語版監修、浦谷計子／梶山あゆみ／加藤俶子／木村ふみえ／工藤惺文／近藤三峰／濱田陽子／広瀬美智子訳、DHC、2000年

20世紀に生まれた英語による文学作品の案内書。約3,200件について取り上げていて、そこには世界25カ国以上の2,400余人の作家を最新の情報とともに網羅的に紹介する項目を含む。関連項目にも言及し、あらゆる分野の主要な作家の情報を収録している。

④日外アソシエーツ編『海外文学 新進作家事典』日外アソシエーツ、2016年

日本で作品が翻訳・紹介された世界中のフィクション分野の新進作家1,453人を紹介。略歴（プロフィル）、および2006年から16年に刊行された翻訳書のデータを収録している。

⑤日外アソシエーツ編『現代世界文学人名事典』日外アソシエーツ、2019年

20世紀以降に活躍する世界各国の作家の情報を、著名作家から最新の作家まで幅広く収録する現代文学の作家事典。純文学、SF、ミステリーなどの作家や詩人、劇作家、児童文学作家を含む5,699人分を掲載している。

⑥横山茂雄／石堂藍監修『世界文学あらすじ大事典 4 ふん～われ』国書刊行会、2007年

世界文学の名作1,001編を精選、そのあらすじを紹介する事典。作品名の五十音順に構成し、各編に作家の解説、入手可能な翻訳書誌を付す。あらゆる文学ジャンルを網羅した百科全書的事典。第4巻には『マクベス』『指輪物語』『ラーマーヤナ』などを収録している。

⑦日外アソシエーツ編『全集／個人全集・作家名綜覧 第7期 上』（現代日本文学綜覧シリーズ 40上）、日外アソシエーツ、2022年

国内で刊行された日本の近代文学作品を収録した全集と、作家の個人全集の作家名索引。2016年から21年に刊行が完結した全集11種112冊と、151人の作家の個人全集159種553冊の情報を収録している。

⑧日外アソシエーツ編集部編『文学作品書き出し事典』日外アソシエーツ、1994年

明治期以後の作家313人の小説2,195編の冒頭部分を初出年順に収録している。

⑨阿武泉監修『教科書掲載作品13000──読んでおきたい名著案内』日外アソシエーツ、2008年

　1949年から2006年までに発行された高校国語教科書に掲載された小説・戯曲・評論・随筆・詩・短歌・俳句・古文・漢文など、約1万3,000作品のタイトルを作者ごとに記載した目録。

⑩日外アソシエーツ編『新聞連載小説総覧 平成期（1989～2017）』日外アソシエーツ、2018年

　1989年から2018年3月までに日本国内の新聞49紙で発表された連載小説2,817点を取り上げ、新聞社別・作家別に初出紙・掲載紙の情報を記載した目録。

第3章
事例

　文学に関連するレファレンスの実例を2件紹介しよう。

①問い合わせ：「しっかりと 飯を食はせて陽にあてし ふとんにくるみて 寝かす仕合せ」が載っている歌集を読みたい。
対応：インターネットにこの短歌を全文入力して検索したところ、関連する情報がいくつか示された。そのなかに読売新聞「編集手帳」のコラムニスト竹内政明による『名文どろぼう』という図書があった。自館に所蔵しているので本を見てみると、この本に引用されていて、作者は河野裕子だとわかった。来館者に以上の内容を案内したところ、同じ箇所に引用されていたほかの2首にも感銘を受けたので、最初の短歌も含めて3首それぞれが載っている元の歌集を読みたいと言われた。
　『名文どろぼう』の出典を確認すると、最初の短歌は、大岡信『新 折々のうた 7』からの引用だが、その原典は河野の歌集『紅』だった。2つ目の短歌「子がわれか われが子なのか わからぬまで子を抱き 湯に入り子を抱き眠

る」は俵万智『短歌をよむ』[5]が原典だが、その本の215ページには出典は歌集『桜森』[6]とあった。3つ目の短歌「朝に見て 昼には呼びて夜は触れ確かめをらねば 子は消ゆるもの」は、歌集『紅』が出典だった。歌集『紅』と『桜森』は『河野裕子作品集』[7]に収録してあるが、自館では所蔵していなかったので相互貸借で取り寄せた。

②問い合わせ：近松門左衛門の「あですがたおんなのまいぎぬ」という作品が見たい。
対応：『歌舞伎・浄瑠璃外題事典』[8]で調べたところ、「あですがた」ではなく「はですがた」だった。『演劇百科大事典』[9]第5巻も調べると、「はですがたおんなまいぎぬ（義太夫）」とあった。『艶容女舞衣』と書き、歌舞伎と人形浄瑠璃の演目で、近松門左衛門ではなく竹本三郎兵衛・豊竹応律の合作だとわかった。映像資料は自館では所蔵していなかったので、同作の人形浄瑠璃のDVDを所蔵している近隣自治体図書館を案内した。

第4章
演習

　主に第2章「調査に使用する情報資源」で紹介した情報資源を用いて、以下の質問に回答しなさい。

①アオヴィニ・カドゥスガヌの略歴と最近の翻訳書を知りたい。
②高校生のときに教科書で「交響曲の源にある音の世界」という文章を読んだ気がする。この文章を読みたい。また、何の教科書に載っていたかを知りたい。
③田中小実昌の『きょうがきのうに』が以前、新聞に連載されていたと思うが、新聞名と期間が知りたい。
④山田美妙の作品で「一室の裡で会話をして居るのは二人の貴人だ」というような書き出しで始まる小説があったと思うので、読みたい。
⑤以下のようなあらすじだったと記憶しているが、このようなあらすじの物語を読みたい。「アイマー僧院長とギルベール騎士はセドリックの館に泊まる。そこで聖地帰りの巡礼とユダヤ人のアイザックとレベッカに出会う。巡

礼はロウイーナ姫に馬上試合の話をし、ギルベールはセドリックの息子ウィ
ルフレッドに負けたことを明かす。巡礼はアイザックを襲う計画を聞き、彼
を逃がす。アイザックは巡礼に武具を借りる手助けをすると約束する」

注

(1) 日外アソシエーツ「日外レファレンス・コレクション（レファコレ）」（https://www.
　　nichigai.co.jp/refcol/index.html）［2024年3月3日アクセス］
(2) 竹内政明『名文どろぼう』（文春新書）、文藝春秋、2010年
(3) 大岡信『新 折々のうた 7』（岩波新書）、岩波書店、2003年
(4) 河野裕子『紅』ながらみ書房、1991年
(5) 俵万智『短歌をよむ』（岩波新書）、岩波書店、1993年
(6) 河野裕子『桜森』蒼土舎、1980年
(7) 河野裕子『河野裕子作品集』本阿弥書店、1995年
(8) 野島寿三郎編『歌舞伎・浄瑠璃外題事典』日外アソシエーツ、1991年
(9) 早稲田大学演劇博物館編『演劇百科大事典』第5巻、平凡社、1961年

第26回

地域資料について調べる

第1章
調査の基本

1　言葉の定義

『図書館情報学用語辞典 第5版』では、地方出版物を次のように定義している。

> 特定の地方で出版された出版物。地方の出版社、新聞社、書店、団体、個人などが出版している。地方出版物は大手書籍取次の取扱対象とならないことが多く、1976（昭和51）年に地方出版物を流通させる目的で「地方・小出版流通センター」が設立された。当初の取扱出版社は180社であったが、2019年4月（平成31年）には1,072社となっている。[1]

2　調査の基本的な流れ

　調査の基本的な流れは図26-1のとおりである。地域にまつわる事柄の問い合わせがあった場合、それが、歴史、地理、地図、行政、人物・団体、統計のいずれに関連する内容なのかを、まず明確にすべきである。何を調べるのかが明確になったら、①都道府県史、②都道府県別百科事典、③市・郡・町村史誌、④都道府県別人名事典に、必要に応じて当たる。

　(1)都道府県史は、例えば『青森県史』[2]のように各自治体が郷土の歴史をまとめた資料がある。(2)都道府県別百科事典は、その地域に関する事柄を扱う百科事典である。例えば『茨城県大百科事典』[3]のように地方の新聞社などが編集している場合がある。(3)市・郡・町村史誌は、例えば『石和町誌』[4]のよ

236

```
┌─────────────────────────────────┐
│   Xに関する情報がほしい         │
└─────────────────────────────────┘
```

```
┌─────────────────────────────────┐
│ ①から⑥のどれにあたるか明確にする │
│ ①歴史                          │
│ ②地理                          │
│ ③地図                          │
│ ④行政                          │
│ ⑤人物・団体                    │
│ ⑥統計                          │
└─────────────────────────────────┘
```

```
┌─────────────────────────────────┐
│ (1) 都道府県史で調べる          │
│ (2) 都道府県別百科事典で調べる  │
│ (3) 市・郡・町村史誌で調べる    │
│ (4) 都道府県別人名事典で調べる  │
└─────────────────────────────────┘
```

```
┌─────────────────────────────────────────────┐
│ A 国立国会図書館「リサーチ・ナビ」で検索する │
│ B 横浜市立大学学術情報センターのウェブサイトで検索する │
│ C「地方史研究雑誌データベース」で検索する   │
└─────────────────────────────────────────────┘
```

```
┌─────────────────────────────────┐
│ ・各種事典で調べる              │
│ ・雑誌で調べる                  │
│ ・自治体ウェブサイトで調べる    │
└─────────────────────────────────┘
```

```
┌─────────────────────────────────┐
│ 関連機関に問い合わせる          │
└─────────────────────────────────┘
```

図26-1　地域資料の調査の基本的な流れ

うに区市町村単位の自治体史である。(4)都道府県別人名事典は、例えば『徳島県人名事典』のように各地域の出身者やゆかりの人物などの情報を収録している。

　調査対象になる地域に関するこうした資料が作られているのかを確認するには、国立国会図書館「リサーチ・ナビ」、横浜市立大学学術情報センターのウェブサイト、「地方史研究雑誌データベース」で検索するといいだろう。より詳しく知りたい場合は、各種事典、雑誌、自治体のウェブサイトを参照しよう。

　紙媒体には各種事典があるが、これにはレファレンスブック扱いになっていない一般的な図書も含まれることがある。雑誌は、例えば首都圏の散策を

テーマにする雑誌「散歩の達人」（交通新聞社）のような商業雑誌にも街の情報が詳しく載っているので対象とする。自治体ウェブサイトは、統計などを得たいときに参照する。なお、これらを調べても自館では質問への回答がわからない場合は、該当する都道府県立図書館や博物館などの関連機関に問い合わせるのも重要である。

第2章
調査に使用する情報資源

1　インターネット情報源

①国立国会図書館「リサーチ・ナビ 地方史に関する文献を探すには（主題書誌）」（https://ndlsearch.ndl.go.jp/rnavi/humanities/post_314）
　地方史に関する日本語文献を探すための方法を紹介している。

②横浜市立大学学術情報センター「地方史（誌）の紹介」（https://opac.yoko-hama-cu.ac.jp/drupal/ja/collection/guide）
　約4万8,000冊の地方史（誌）の蔵書検索ができる。

③「地方史研究雑誌データベース」（http://www.iwata-shoin.co.jp/local/）
　「地方史情報」や『地方史文献年鑑』を通じて集められた、全国各地で発行されている地方史研究雑誌の発行団体・連絡先などの情報を都道府県別に収録している。

2　紙媒体の情報源

　東京都を例にして以下を紹介しよう。

①小木新造／陣内秀信／竹内誠／芳賀徹／前田愛／宮田登／吉原健一郎編『江戸東京学事典 新装版』三省堂、2003年
　「江戸」と「東京」の400年の歴史を1,100の項目について解説した都市学事典。理解を深めるための写真や図・グラフを豊富に掲載し、巻末に江戸東

京の地図、年中行事などを収録している。

②西山松之助／郡司正勝／南博／神保五彌／南和男／竹内誠／宮田登／吉原
健一郎編『江戸学事典 縮刷版』弘文堂、1994年
　日本橋をはじめとする八百八町、武家の暮らし、縁日、祭礼などの年中行
事、浮世絵などを解説している。

③東京百年史編集委員会編『東京百年史 第1巻 江戸の生誕と発展』東京
都、1973年
　全6巻からなり、第1巻は原始時代から幕末までの歴史を概観。

④東京府編『東京府史 行政篇』第1巻、東京府、1935年
　全6巻からなり、工業、商業、市場などのテーマごとに1932年9月30日ま
での歴史を記載している。

⑤母里三十四『著名人の墓碑録──東京・神奈川とその周辺』ストーク、
2006年
　職業の分類を問わず、江戸時代から平成までに故人になり、日本史上でそ
れぞれの分野で名を残した有名人の墓碑録集。

⑥本間信治『江戸東京地名事典』新人物往来社、1994年
　神田寺町、四谷寺町、高輪寺町などの地名の由来と地誌を詳細に解説して
いる。

⑦竹内誠編『東京の地名由来辞典』東京堂出版、2006年
　現行地名、歴史的地名およそ1,500について、由来と史料上の初見、事績
を解説している。

⑧斎藤直成編『江戸切絵図集成 第1巻 吉文字屋板・新編江戸安見図』中央
公論社、1981年
　全6巻からなる。江戸時代末期に刊行された切絵図について、吉文字屋
板、近江屋板、尾張屋板、平野屋板の順に各巻に収録している。

第2章　調査に使用する情報資源　　239

⑨児玉幸多監修、吉原健一郎／俵元昭／中川恵司編集・制作『復元 江戸情報地図』朝日新聞社、1994年

　膨大な資料を駆使して復元した江戸の地図の集大成。安政の江戸とその周辺の地図を36面に分割して構成し、現代の東京の同じ地域の実測地図を重ね合わせ、重要な史跡などについて解説している。

⑩福島鋳郎編著『G.H.Q. 東京占領地図』雄松堂出版、1987年
　GHQ（連合国軍総司令部）による接収に関するデータを掲載している。

⑪東京都立教育研究所『東京教育史資料大系』第1巻、東京都立教育研究所、1971年

　全10巻からなり、明治期の学制公布前から1947年の教育制度改正までの東京の教育に関する資料を収録している。

⑫東京都立教育研究所編『東京都教育史資料総覧 Vol.1 東京都公文書館所蔵文書目録』東京都立教育研究所、1991年

　東京都教育史に関する資料の所在やその内容を概観する総覧。

⑬東京都編著『東京都政五十年史 事業史1』東京都、1994年

　全6巻からなり、都政の流れを通観する歴史と事業の記録性に重点を置いた事業史を記載している。

⑭特別区協議会事業部調査研究課編『第42回 特別区の統計 2022年（令和4年）版』特別区協議会事業部、2023年

　東京23区の人口、産業、教育・文化、財政などの統計書。

第3章
事例

　地域資料を用いたレファレンスの実例を2件紹介しよう。

①問い合わせ：久慈市にある「中務」という苗字の由来と、この苗字が記載されている資料が見たい。

対応：インターネットで「久慈」と「中務」で検索すると、「久慈政則」が何件かヒットした。久慈市郷土研究家の文献で「中務」に関する記述がないか調べたが、何も見つからなかった。図書館システムで「中務」と「苗字」をキーワードにして検索すると、『岩手の姓氏』と『岩手県苗字分布事典』の2冊がヒットした。『岩手の姓氏』には「中務は宮廷官職に由来し、久慈市などに多い」とある。大森竹之助『糠部武士の世界』によると、久慈市にゆかりがある「中務」という姓をもつ人物としては、第18代久慈備前守直治の娘婿の第19代久慈中務政則がいる。政則は九戸政実の弟である。以上の内容に加え、九戸家の系図と久慈家の系図で久慈中務政則について記載している『九戸乃乱 九戸城築城500年記念』を来館者に紹介した。

②問い合わせ：川崎製鉄久慈工場（1967年閉鎖）に関する以下の5つの資料を探している。

①写真、図版、全体を把握できる資料、②長内川沿いの軌道（写真、図版）、③久慈駅から製鉄所への引き込み線（写真、図版）、④旧警察署の近辺の昔の写真、⑤三陸鉄道に代わる際、貨物輸送が廃止になったが（1982年11月14日）、それ以前の貨物輸送の写真やビデオなどの動画資料。

対応：川崎製鉄の資料は久慈市歴史民俗資料室に寄贈されていて、デジタルアーカイブもある。岩手県立図書館にも協力レファレンスを依頼したが、該当資料はなかった。来館者は岩手県外在住のため、まずはインターネットで閲覧可能なものを紹介し、ほかの資料は来館時に閲覧するか、相互貸借可能なものは地元の図書館を通じての閲覧を勧めた。

『久慈製鉄所写真アルバム 復刻版』に掲載されている写真は主に常盤商会の製鉄所を撮ったものが多く、川崎製鉄所は少なかった。『工場用地実測図 縮尺千分の一 川崎製鉄久慈工場』には製鉄所と久慈駅の引き込み線の図が手書きで書かれている。また、久慈市の中・高生向け広報紙である「Link」の第2号（2016年）には川崎製鉄の特集記事があり、長内川沿いの軌道と、川崎製鉄所の全体の地図や写真が掲載されていた。この雑誌は久慈市ウェブサイトで閲覧することが可能である。「北三陸ヒストリアデジタルアーカイブ」は「たたら館 砂鉄資料室」（2008年閉館）寄贈の川崎製鉄関連の

写真をウェブサイトで公開しているので、来館者にはこのウェブサイトも案内した（資料は現在、久慈市歴史民俗資料室所蔵）。

第4章
演習

　主に第2章「調査に使用する情報資源」で紹介した情報資源を用いて、以下の質問に回答しなさい。

①東京都世田谷区の都立駒沢オリンピック公園にゴルフ場があったと聞いたことがあるのだが、いつオープンしたのかを知りたい。
②東京の京橋の創架年はおおよそいつだろうか。
③東京に芝片門前という町屋があったが、いつ消滅したのかを知りたい。
④東京の深川にある安宅町の名称の由来を知りたい。
⑤1930年に開校した慶應義塾商業学校の、本科の1カ月分の授業料はいくらだったのかを知りたい。

注

(1)「地方出版物」、前掲『図書館情報学用語辞典 第5版』、「JapanKnowledge」（https://japanknowledge.com）［2024年3月3日アクセス］
(2) 青森県史編さん通史部会編『青森県史』全36巻、青森県、2018年
(3) 茨城新聞社編『茨城県大百科事典』茨城新聞社、1981年
(4) 石和町町誌編さん委員会編『石和町誌』全3巻、石和町、1987―94年
(5) 徳島新聞社『徳島県人名事典』徳島新聞社、1994年
(6)「地方史情報」白鳥舎、1997―2024年
(7) 飯澤文夫編『地方史文献年鑑』白鳥舎、2023年―
(8) 細越紀平『岩手の姓氏』熊谷印刷出版部、2004年
(9) 古川幹夫『岩手県苗字分布事典』トリョーコム、1986年
(10) 大森竹之助『糠部武士の世界――史料に見る久慈備前守』大森竹之助、2021年
(11) 永井正義『九戸乃乱――九戸城築城500年記念』二戸信用金庫創立五十周年記念事業実行委員会、2001年
(12) 川守田通博『久慈製鉄所写真アルバム 復刻版』砂鉄史資料たたら館（久慈砂鉄の会）、2001年
(13)『工場用地実測図 縮尺千分の一 川崎製鉄久慈工場』発行元不明、1958年

［著者略歴］
吉井 潤（よしい じゅん）
1983年、東京都生まれ
慶應義塾大学大学院文学研究科図書館・情報学専攻情報資源管理分野修士課程修了
都留文科大学・日本大学非常勤講師
著書に『事例で学ぶ図書館情報資源概論』『事例で学ぶ図書館制度・経営論』『事例で学ぶ図書館
サービス概論』『図書館の新型コロナ対策ガイド』『仕事に役立つ専門紙・業界紙』『29歳で図書
館長になって』、共著に『絵本で世界を学ぼう！』『つくってあそぼう！──本といっしょに、つ
くってかがくであそぼう』『図書館の活動と経営』（いずれも青弓社）など

事例で学ぶ図書館4

事例で学ぶ情報サービス演習

発行————2024年10月9日　第1刷

定価————2000円＋税

著者————吉井 潤

発行者———矢野未知生

発行所———株式会社青弓社
　　　　　　〒162-0801 東京都新宿区山吹町337
　　　　　　電話 03-3268-0381（代）
　　　　　　https://www.seikyusha.co.jp

印刷所———三松堂

製本所———三松堂

ⒸJun Yoshii, 2024

ISBN978-4-7872-0086-0　C0300

吉井 潤

事例で学ぶ図書館情報資源概論

図書館はどのような方針で自館に仕入れる資料を選別し収集し、図書館員は選書のための書籍や著者の情報をどのようにして得ているのか。現場への取材に基づいた事例紹介と図版・資料から解説する。　　　　　定価2000円＋税

吉井 潤

事例で学ぶ図書館制度・経営論

図書館法をはじめとする図書館関連法規や政策と、業務委託、指定管理者制度、PFI など多様化する図書館経営のあり方を、全国の図書館から収集した多様な事例を軸にして基礎から平明にレクチャーする。　　　　　定価2000円＋税

吉井 潤

事例で学ぶ図書館サービス概論

資料・情報の提供、地域や他組織との連携・協力、接遇と広報など各種の図書館サービスを、公立図書館、専門図書館、直営や指定管理者制度導入館など、館種と運営を超えた多数の事例をあげて説明する。　　　　　定価2000円＋税

吉井 潤

仕事に役立つ専門紙・業界紙

400の専門紙・業界紙を分析し、ビジネス・起業・就職活動にも役立つように専門用語を避けてわかりやすくガイドする。図書館のビジネス支援を支え、高校生・大学生が社会を知るためにもなる好適のツール。　　　　　定価1600円＋税

永田治樹

公共図書館を育てる

国内外の事例を紹介して公共図書館の制度と経営のあり方を問い直し、AI を使った所蔵資料の管理や利用者誘導、オープンライブラリーの取り組みなど、デジタル時代の図書館を構築するヒントを示す実践ガイド。　　　　　定価2600円＋税